MÃE FLAVIA PINTO

UMBANDA PRETA

RAÍZES AFRICANAS E INDÍGENAS

Rio de Janeiro
2022

Copyright © Mãe Flavia Pinto, 2022
Direitos de publicação © Editora Aruanda, 2022

Direitos reservados e protegidos pela lei 9.610/1998.

Todos os direitos desta edição reservados à
Fundamentos de Axé Editora
um selo da EDITORA ARUANDA EIRELI.

1ª reimpressão

Coordenação Editorial Aline Martins
Preparação Uara Nunes Gonçalvez
Revisão Editora Aruanda
Design editorial Sem Serifa
Lettering e ilustrações Tarcisio Ferreira
Impressão Trio Studio

Texto de acordo com as normas do Novo
Acordo Ortográfico da Língua Portuguesa
(Decreto Legislativo nº 54, de 1995)

Dados Internacionais de Catalogação na Publicação (CIP)
de acordo com ISBD
Bibliotecário Odilio Hilario Moreira Junior CRB-8/9949

P659u   Pinto, Mãe Flavia
         Umbanda Preta: raízes africanas e
         indígenas / Mãe Flavia Pinto. – Rio de
         Janeiro, RJ: Fundamentos de Axé, 2022.
         160 p. ; 15,6 cm x 22,8 cm.

         Inclui bibliografia.
         ISBN: 978-65-87708-13-3

         1. Religiões africanas. 2. Umbanda.
         3. Candomblé. I. Título.

                                    CDD 299.6
2021-3699   CDD 299.6

Índice para catálogo sistemático:
    1. Religiões africanas   299.6
    2. Religiões africanas   299.6

[2024]
IMPRESSO NO BRASIL
https://editoraaruanda.com.br
contato@editoraaruanda.com.br

SUMÁRIO

Apresentação 7

Prefácio 11
Xumaya Xya

1. Origem da Umbanda 15
Ascendência étnica, cultural e religiosa

2. Caboclos e pretos-velhos ancestrais 21
Povos e religiosidade africanos e indígenas
como matrizes da Umbanda

3. Legalização de terreiros 29
Direitos e deveres da instituição e da(o) ministra(o) religiosa(o)

4. Ética religiosa sacerdotal 33
Respeito à ancestralidade dos terreiros

5. Gestão e sustentabilidade do terreiro 45
Remunerações, ações assistencialistas e geradoras de recursos

6. Medicina tradicional indígena e africana 53
Uma perspectiva ritualística milenar dentro dos terreiros

7. Descolonização do pensamento brasileiro 63
Racismo religioso e intrarreligioso na Umbanda e no Candomblé

8. Direitos Humanos no terreiro 73
Violência contra a mulher, racismo, homofobia, transfobia
e capacitismo; mudanças climáticas; o Estatuto da
Criança e do Adolescente (ECA) e o Estatuto do Idoso

9. O corpo nas culturas ancestrais e no terreiro 97
Limites do corpo: tatuagem, mudança de sexo, eutanásia, rituais
fúnebres, transplante de órgãos, cargos, gêneros, aborto, sexo etc.

10. Assuntos de terreiro 129
Incorporação consciente, formação e desenvolvimento
do corpo mediúnico e regimento interno

11. Rituais de Umbanda 135
Casamento, batizado, funeral, iniciação,
amaci e cuidados com o ori (coroa)

12. Ações sociais nas comunidades de terreiro 147
Atuação como "quilombos urbanos" e seu papel
social no combate à fome e à miséria no Brasil

Posfácio 155
Renato Noguera

Referências bibliográficas 157

APRESENTAÇÃO

Além dos meus 24 anos de prática matriarcal à frente do terreiro de Umbanda *Casa do Perdão*, localizado na Zona Oeste, subúrbio do Rio de Janeiro, também tive a oportunidade de combater a intolerância religiosa por meio de um programa de políticas públicas, atuando como gestora na Coordenadoria de Liberdade Religiosa do Governo do Estado e, posteriormente, na Prefeitura do Rio de Janeiro.

As experiências em órgãos governamentais me fizeram comprovar certas ideias com as quais eu já havia tido contato dentro do terreiro: as vulnerabilidades do segmento religioso afro-brasileiro. Elas, como praticante religiosa, seguem me entristecendo e, como sacerdotisa e socióloga, me desafiando.

Percebi na prática que o nosso despreparo como instituição deve-se ao fato de não termos um órgão federativo qualificado para nos oferecer, no mínimo, bases de formação histórica, filosófica, teológica, jurídica, administrativa, ambiental, constitucional e ética que possibilitem à(ao) dirigente estar preparada(o) para desenvolver a gestão e a sustentabilidade de uma organização religiosa.

Em decorrência disso, inúmeras vezes, fui chamada para resolver situações relacionadas a denúncias de violação de direitos dentro dos terreiros, o que me afetava muito. Sempre achei que deveria desenvolver uma ação de promoção à liberdade, ofertando uma melhor qualificação às lideranças que estão à frente dos terreiros, uma vez que existe uma luta externa contra o racismo religioso e, também, uma luta interna muito grande, o que evidencia essa necessidade de formação.

Iniciei esse projeto de formação com o livro *Umbanda religião brasileira: guia para leigos e iniciantes* (Pallas, 2014), que é, até hoje, meu livro mais vendido e que traz os ensinamentos de forma bastante acessível. No entanto, a "Mãe Flavia" que o escreveu há onze anos não é a mesma que, hoje, assina esta obra. Aprofundei-me ainda mais nos saberes, nas pesquisas e nas vivências das filosofias africanas e indígenas, além de ter acumulado mais de duas décadas na gestão religiosa, social, jurídica, administrativa e financeira de uma comunidade de terreiro. A partir dessas experiências, passei a sentir uma necessidade ainda maior de atualizar o panorama sociopolítico, jurídico e econômico das religiões afro-brasileiras.

O resultado desse processo é o desenvolvimento de uma cidadã brasileira cada vez mais imersa na luta antirracista e na descolonização do pensamento eurocristão — entranhado na cultura brasileira e, consequentemente, dentro da Umbanda, conforme explico em meu segundo livro *Levanta, favela!: vamos descolonizar o Brasil #seliganapolítica* (Conexão 7, 2019).

Meu amor pela Umbanda, enriquecido por minhas vivências no Candomblé — no qual, há doze anos, fui iniciada para Oyá —, na Nigéria — onde, em 2018, me iniciei às Egbés,[1] às Iami Oxorongás[2] — e na maternidade de três filhos biológicos e mais de oitenta filhas(os) de orixá, ressignificaram meu papel como mulher na luta pela defesa de meu povo, de toda a sabedoria milenar e de seu legado ancestral. A Umbanda também transformou minha matrigestão, exercida no grupo religioso que lidero, assim como minha posição social, tornando-me, a partir de meus estudos e minhas pesquisas, consultas e orientações, uma referência para as religiões afro-brasileiras. Explico um pouco sobre esse caminho em meu terceiro livro *Salve o matriarcado: manual da mulher búfala* (Fundamentos de Axé, 2021).

Este quarto livro é o resumo de tudo o que descobri ao longo dessas pesquisas, leituras e vivências e dos lugares que ocupei e que ocupo em minha função como dirigente de um templo de Umbanda, que cumpre o papel de salvar e transformar a vida das pessoas — que chegam em busca de amparo ancestral, espiritual e energético —, e a função social de combater a fome — com a doação de cestas de alimentos às pessoas que vêm até nós em busca de auxílio para manter as famílias vivas, já que muitas permanecem desempregadas no sistema "capetalista".[3]

Por fim, esta obra pretende colaborar com a formação das sacerdotisas e dos sacerdotes à frente dos terreiros afrorreligiosos,

---

1 Ancestrais femininas detentoras dos segredos sagrados. Segundo o *Dicionário yorubá-português*, de José Beniste (Bertrand Brasil, 2019), a expressão "Ìyá Ẹgbẹ́" refere-se à "chefe de uma sociedade de mulheres". [Nota da Editora, daqui em diante NE]

2 Mães feiticeiras ancestrais. As "Ìyàmi Òṣòròngà" também são conhecidas como "Ìyàmi Àjé", expressão que pode ser traduzida como "minha mãe feiticeira", pois é formada pelas palavras iorubás "ìyá" (mãe) + "mi" (minha) + "àjé" (feiticeira). Segundo o *Dicionário yorubá-português*, de José Beniste (Bertrand Brasil, 2019) "àjé" significa "feiticeira, bruxa com a crença de que se transforma em pássaro noturno". [NE]

3 Termo cunhado por Ailton Krenak no livro *Ideias para adiar o fim do mundo* (Companhia das Letras, 2019). [NE]

fazendo-os entender que precisam de um mínimo de preparo e algumas bases teológicas, filosóficas, sociológicas, históricas, jurídicas e administrativas.

Espero que gostem e que, por intermédio da qualificação de nosso corpo de dirigentes, no Brasil e no exterior, possamos estar mais bem estruturados para defender nossa liberdade religiosa e nosso direito de existir como descendentes dos povos africanos e indígenas dentro da nação brasileira e mundial.

Meu saravá fraterno,
Mãe Flavia Pinto

PREFÁCIO

Xumaya Xya[1]

Meu nome é Xumaya Xya, que quer dizer "Vento Frio" no idioma fulni--ô. Minha aldeia fica no interior de Pernambuco e se chama aldeia Fundi-ô, que significa "Imigrante da Beira do Rio". O povo fulni-ô sempre viveu no topo das montanhas, das serras e, quando descíamos para realizar nossos rituais, descíamos margeando o Rio São Francisco. Por isso o nome quer dizer Imigrante da Beira do Rio.

Com o passar do tempo, sendo um jovem guerreiro, sempre busquei entender e conhecer mais profundamente nossa espiritualidade na liderança. Então, me tornei uma liderança de guerreiros após sair da aldeia.

Não sou pajé nem cacique dentro da aldeia, mesmo sendo oriundo de uma família de líderes. Mas quando estou no Rio de Janeiro, em

---

[1] Xumaya Xya é uma liderança indígena da etnia Fulni-ô.

São Paulo, em Brasília ou em qualquer parte do Brasil, sempre estou com vários guerreiros, conduzindo-os para realizar os trabalhos, os rituais sagrados e, cada vez mais, mergulhando no autoconhecimento de minha tradição.

Hoje, aos 33 anos, sou a liderança de vários guerreiros fora da aldeia. Comecei ainda jovem, com oito anos de idade, como uma liderança de pequenos guerreiros. Em nossa caminhada, estamos sempre aprendendo e ensinando. O que nos faz ser conhecedor de nossa história e nossa cultura é quando paramos para mergulhar, e não só aprender a fazer uma pintura; não só aprender a fazer um rezo; mas a entender e compreender tudo o que a sagrada Mãe Natureza nos ensina. Ser uma liderança não é para todos os guerreiros e todas as guerreiras, mas para aqueles que se dedicam a aprender a viver. Todos somos muito parecidos, com características em comum, mas nem todos temos o mesmo conhecimento. O conhecimento é para aqueles que se doam para aprender. Eu fui mais um guerreiro que mergulhei profundamente para estudar e aprender, para que hoje possa conduzir cerimônias com vários guerreiros, conduzindo-os na história da etnia e dos guerreiros fulni-ô.

Nós estamos aqui em um ritual. É um ritual em que passamos noventa dias, um ritual de tradição da etnia fulni-ô de Pernambuco.

Tudo o que eu aprendi até a data de hoje com os meus mais velhos, minhas lideranças, é que não existe diferença entre nós. Existe um culto um pouco diferente, com o mesmo propósito. Nós cantamos e dançamos em volta de uma fogueira, mergulhamos dentro de um rio para nos limparmos e nos purificarmos. O que eu conheci, principalmente na Umbanda, por meio da guerreira Mãe Flavia, foi que nós somos todos iguais. Não importa se na pintura de urucum no rosto ou se no som do atabaque, porque a força está dentro de cada um de nós, quando nos permitimos nos conectar com a própria essência e espiritualidade.

A medicina é sagrada, ela cura quando você se permite ser curado. Tanto a medicina tradicional sagrada de nossa história, de nossos rituais, como um banho de ervas no centro da Umbanda ao som do atabaque, com rezos conduzidos pelo guardião e pela guerreira.

Nosso propósito hoje — e vejo também que a Umbanda proporciona muito disso ao planeta — é poder unir todos os seres de luz, poder ajudar; é o mesmo propósito que temos na floresta: levar a medicina até a cidade, fazer as pessoas se conectarem e conhecerem a si mesmas, porque elas não se conhecem. Somos todos irmãos, nossa espiritualidade é a mesma. Nossos rezos têm um só propósito, que é o do Grande Espírito, poder ouvir nossas preces. O mesmo rezo que fazemos na floresta, o mesmo rezo que fazem na Umbanda, que faziam os guerreiros indígenas e negros que lutaram juntos, de não deixar que sua história se acabe.

Vamos lutar até o último momento de nossa vida para realizar nossa cerimônia sagrada, para ter nossa medicina. A Umbanda, eu assemelho à nossa cultura, aos rezos, ao propósito. Assim, caminhamos um ao lado do outro. A Umbanda trabalha com seus uniformes de tradição e nós trabalhamos com nossos objetos sagrados da floresta, sempre com o mesmo propósito. A nossa medicina pode unir cada um de nós, e a Umbanda pode unir todos os irmãos. No final, nós somos todas as incorporações de nossa ancestralidade, que vibra junto ao som do atabaque ou quando balança o maracá. Não é só uma melodia, mas um rezo sagrado, que nos conecta com toda a nossa ancestralidade e nos faz renascer no momento de rezo sagrado.

A Umbanda Preta nos faz conectar com a Jurema Preta, com a medicina de tradição. Quando nós consagramos um copo deste chá, nos conectamos, primeiramente, com nós mesmos e com nosso coração. Trazemos para perto de nós a força daquela raiz, da planta sagrada onde mora toda a nossa ancestralidade, onde reside toda a nossa história. Nós, indígenas e negros, não somos apenas o tronco de uma árvore. Somos uma raiz fincada na terra, que sempre vai renascer. Mesmo quando tentaram acabar com nossa cultura, quando tiraram todos os nossos galhos, todos os nossos frutos, até cortaram nosso tronco, nossa raiz, a raiz dos povos originários, dos povos indígenas, de todos os pretos, sempre permaneceu, porque ela nunca foi tocada. É da raiz que sai nossa medicina sagrada da Jurema Preta, e nos conecta com toda a nossa ancestralidade.

A medicina não é só a casca de uma raiz com um pouco de água, mas um chá sagrado, um chá-mãe que nos traz a força ancestral.

Salve nossas forças, guerreira!\
Ahoo!\
Xumaya Xya

» 1 «

ORIGEM DA UMBANDA

Ascendência étnica, cultural e religiosa

Em 15 de novembro, celebramos o Dia Nacional da Umbanda. Nesse dia, em 1908, ocorreu a manifestação do espírito do Caboclo das Sete Encruzilhadas no médium Zélio Fernandino de Moraes. Desde meu primeiro livro, afirmo que essa data é um importante marco, pois possibilita a contabilização da temporalidade, característica fundamental do registro histórico escrito que o permite ser validado pelas normas historiográficas ocidentais.

No entanto, para melhor compreendermos a Umbanda e toda a profundidade de ensinamentos trazidos pelos espíritos ancestrais que se manifestam nas falanges de caboclos, pretos-velhos, exus, entre outros, é essencial pesquisarmos a história que vem muito antes de 1500, ano em que o português Pedro Álvares Cabral invadiu, sem a concordância dos povos nativos, o território indígena.

1.1 Por que é importante, necessária e urgente a compreensão da verdadeira História do Brasil?

Porque as principais matrizes da Umbanda são os povos indígenas e africanos, que se manifestam nos templos como orixás, pretas-velhas e pretos-velhos, caboclas e caboclos e outras falanges que têm suas respectivas etnias ancestrais, como ciganos, campineiros, cangaceiros, juremeiros, marinheiros etc.

Sendo a Falange dos Pretos-Velhos e a Falange dos Caboclos os pilares fundamentais da Umbanda, é importante refletir sobre a etnia desses espíritos: os povos indígenas, originários das Américas, e os africanos, originários da África. Logo, a origem da Umbanda não é europeia, grega ou, tampouco, cristã, e já é tempo de reconhecermos isso e de enfrentarmos o racismo histórico que está entranhado em nós devido à influência da imposição do processo de escravização, do genocídio e da tortura — ao qual chamam, romanticamente, de "colonização" — ocorrido nos continentes invadidos, roubados e destruídos pelo povo europeu. Os bárbaros europeus não tinham outro interesse além do enriquecimento por meio do roubo de nossas terras, nossas riquezas e nossos corpos, que serviram como mão de obra escravizada e não remunerada, como objeto sexual do estupro e da pedofilia e para a gravidez compulsória, a fim de gerarmos mais seres humanos que serviriam forçadamente ao enriquecimento dos povos eurocristãos.

Para compreender esses fatos históricos, é preciso entender que os povos africanos podem ter até 140 mil anos de existência e os povos indígenas mais de 12 mil anos, conforme explico em meu livro *Levanta, favela!: vamos descolonizar o Brasil* (2019). Logo, a origem das tradições cultural, filosófica, científica e organizacional desses povos têm muito mais de 2022 anos, quando este livro está sendo escrito. Isso significa afirmar que a sabedoria das pretas-velhas e das cabo-clas é milenar e não teve início após a data de invasão do Brasil pelos portugueses, tampouco conta com apenas 2022 anos de práticas de curas filosóficas e medicinais. Portanto, descendemos de povos que antecedem a passagem de Cristo pelo planeta.

1.2 Por que a desconstrução filosófica e histórica é importante para a prática mediúnica?

Porque muitos médiuns, como foi o meu caso, um dia podem deixar de receber conhecimentos e informações valiosos das entidades que os guiam devido, simplesmente, à limitação do conhecimento histórico, que não lhes permite processar conhecimentos milenares anteriores ao 15 de novembro de 1908.

Na prática, estamos tentando explicar que a origem da preta-velha não é a senzala e que a da cabocla não começa no Brasil há apenas 522 anos. Entender isso é importante porque, quando estudamos os povos ciganos, buscamos sua origem histórico-filosófica; logo, também devemos fazer isso ao estudarmos nossos orixás, pretas-velhas e caboclas. É urgente que paremos de afirmar que nossos orixás negros africanos são os santos brancos católicos! Afinal, eles não nasceram dentro da religião moderna romana cristã. Orixá negro africano teve o nascimento mítico há milhares de anos, juntamente com o surgimento dos povos da região, quando também nascem as tradições iorubás, bantos, nagôs na África Subsaariana.

É essencial combater o racismo introjetado em nós proveniente do modelo educacional racista brasileiro que privilegia a história de um povo sobre o outro. A História ensinada na escola diz que o português veio "colonizar" (civilizar) um povo selvagem que não tinha educação, fé, filosofia, ciência, sabedoria, ética ou cultura.

Contudo, esse povo possui saberes filosóficos, medicinais, científicos, éticos, culturais e ambientais que lhe possibilitaram viver por anos, mantendo uma forma de organização social que não conhecia a fome, a miséria, a desigualdade, a violência contra a mulher e o abandono de crianças.

Esses povos africanos e indígenas construíram as pirâmides do Egito, do povo Maia e do Asteca; ergueram cidades-fortalezas, como o povo Inca, que edificou Machu Picchu; desenvolveram moradias vernaculares, como o povo Xingu, no Centro-Oeste do Brasil, que além de serem sustentáveis, possibilitavam a todos os membros da comunidade ter um lugar para morar e aquedutos para o transporte de água; além de possuírem filosofia própria e medicina avançada que utiliza a natureza como produtora de remédios agregada à energia curadora espiritual e à defesa do meio ambiente. Em resumo, são povos que desconheciam a fome, a miséria, a falta de moradia, de médicos e de tratamentos para os males.

Todos esses saberes foram ignorados pelos povos dominadores, que chamaram nosso conhecimento de "mazelas demoníacas" e, por conta disso, muitos de nós continuamos ignorando a potência desse poder ancestral, mesmo abraçando e pedindo a bênção a um caboclo ou a um preto-velho.

Está na hora de descolonizar nossa fé, combater, verdadeiramente, o racismo epistêmico e intrarreligioso e abraçar as mitologias, as cosmologias e as filosofias africanas e indígenas como valores civilizatórios do povo de fé da Umbanda e do Candomblé. Permita que seus ancestrais se comuniquem com você de acordo com a tradição étnica deles, não apenas dentro de um formato-padrão absurdamente distante das culturas indígena e africana, como é o caso de muitos terreiros.

Para tanto, façamos uma reflexão epistêmica: ao pisar em um terreiro, quais são os elementos presentes nele que conectam você às ancestralidades africana e indígena? Se esse templo receber a visita de um ancestral vivo indígena ou africano, essa pessoa se reconhecerá e sentirá que existe um pertencimento étnico dentro do terreiro que cultua a cabocla e a preta-velha? É preciso ter coragem para nos fazermos essas perguntas e senso ético para aceitarmos as respostas.

Normalmente, quando indígenas e africanos visitam nossos terreiros, eles não se identificam com nossos cultos, e isso tem algo a nos dizer em relação ao distanciamento que temos entre a cultura viva desses povos e as manifestações ancestrais dentro dos terreiros.

Lembremo-nos de um provérbio africano que diz: "Enquanto a história da caça ao leão for contada pelos caçadores, os leões sempre serão os perdedores".

1.3 *Para se aprofundar*[1]

- *A unidade cultural da África negra: esferas do patriarcado e do matriarcado na Antiguidade clássica*, de Cheikh Anta Diop (2014);
- *História da Umbanda: uma religião brasileira*, de Alexandre Cumino (2019);
- *Levanta, favela!: vamos descolonizar o Brasil*, de Mãe Flavia Pinto (2019).

---

1 Para a referência completa, consulte as "Referências bibliográficas" ao final deste livro. [NE]

» 2 «

CABOCLOS E PRETOS- -VELHOS ANCESTRAIS

Povos e religiosidade africanos e indígenas como matrizes da Umbanda

2.1 Você sabe o que é ancestralidade?

Acabamos de ver no capítulo anterior a temporalidade existencial dos povos africanos e indígenas, e pudemos compreender melhor que a profundidade dos conselhos e das curas que os pretos-velhos e os caboclos nos oferecem é proveniente de tradições milenares e, por isso, forças positivas e profundas são ativadas em nossa alma assim que entramos em contato com essas queridas entidades.

Entendemos o porquê de, às vezes, um simples abraço do caboclo ou do preto-velho parecer nos curar e libertar de todos os males. Mesmo distante, sentimos a proteção, o amparo e o amor deles. Quantas vezes ficamos com as mensagens desses seres encantados reverberando em nossa mente por dias, meses e até anos? Não é raro ficarmos impressionados com o impacto magnético que esses espíritos têm sobre nós, com falas tão assertivas que, por vezes, parecem nos conhecer há anos. Quantas vezes, ao abraçá-los, sentimos como se fosse um grande reencontro e até dizemos que estávamos com saudades? Já se perguntou por que isso acontece?

A Umbanda, como um fenômeno religioso brasileiro, sofreu forte influência do Catolicismo e do Espiritismo. No início, o racismo era ainda mais forte do que é hoje e, certamente por isso, os ancestrais escolheram as seguintes característica para o corpo que seria usado pelo espírito de Zélio de Moraes: homem branco, heterossexual, classe média, família cristã e filho de militar. Assim, foi possível realizar o fato histórico do "surgimento" (renascimento) de uma "nova" religião.

Em um cenário bastante racista, apenas vinte anos após a pseudoabolição da escravatura, em 13 de maio de 1888, não aceitariam que uma mulher ou uma pessoa negra e/ou indígena fundasse uma religião dita "brasileira", pois ela seria considerada pertencente a um povo atrasado que não acreditava em Deus; logo, sem religião e, portanto, essa pessoa não poderiam estabelecer ritos fundantes para a criação de um sistema religioso com base em seus mitos e cosmogonia étnica milenar africana e indígena.

Para melhor compreensão, é preciso entender o que é um fenômeno religioso e o processo de aculturação no âmbito das religiões modernas e antigas.

- **Fenômeno religioso**: durante todo o período histórico da existência, o ser humano sempre teve [e tem] a necessidade de compreender os conflitos nos quais está inserido. Faz parte dessa busca a criação de mitos e de forças metafísicas que deem conta da relação dele com o transcendente e que lhe apresentem uma cosmogonia e uma base filosófica para a compreensão da vida.

- **Aculturação:** quando duas ou mais culturas entram em contato de maneira natural ou impositiva, pode ocorrer a fusão de valores éticos, morais, civilizatórios e religiosos. Em alguns casos, os valores e os costumes de um povo podem se difundir e até mudar de acordo com as regras e as condições do sistema social em que estão inseridos, principalmente quando existe o uso da força e a falta de liberdade por parte de um povo sobre outro.
- **Religiões antigas:** são costumes étnico-culturais praticados por povos originários que reproduzem ritos, formas de organização social, medicina, valores éticos, morais, filosóficos e espirituais praticados pelos ancestrais desde a origem. Por exemplo, africanas, indígenas, hindus, ciganas, celtas, maias e pagãs em geral.
- **Religiões modernas:** nascem como fenômenos religiosos derivados do processo de aculturação, violento ou não, presentes no mundo a partir do período chamado "Era Cristã". Por exemplo, Islamismo, Catolicismo, Protestantismo, Espiritismo, Wicca, Candomblé e Umbanda.

Observe esta linha do tempo das religiões, a fim de compreender melhor o que chamamos de religiões antigas e modernas.

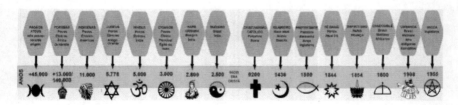

Fonte: Elaborado pela autora

Isso significa que os fenômenos religiosos modernos que apresentaram à sociedade humana as religiões criadas após a chamada Era Cristã, como a católica, a protestante e a espírita (kardecista), foram aceitos por terem sido criados e apresentados à sociedade por homens brancos, muitos deles cristãos, heterossexuais, ricos, com poderes econômicos, intelectuais e/ou políticos. Esses pertencimentos sociais lhes permitiram ter "legitimidade social" para serem baluartes das novas religiões, como nos casos de Constantino, Martinho Lutero e Allan Kardec, apenas para citarmos três exemplos mundialmente conhecidos.

Dessa forma, a Umbanda foi se adequando e seguindo um modelo cada vez mais cristão, substituindo, inclusive, a palavra "ancestralidade" por "reencarnação", até o ponto em que a consciência do renascimento como processo cíclico, dentro de uma família pertencente à mesma árvore genealógica, perdeu-se como sentido orientador do samsara,[1] a roda da vida.

Ou seja, nós nos distanciamos das bases conceituais de muitas tradições africanas e indígenas que cultuam seus ancestrais e se preparam para receber um novo membro por meio de uma gestação, pois compreendem que pode ser um antigo familiar voltando para o clã tribal, isto é, para o seu "idilé".[2]

Quando não há o renascimento, os espíritos desses clãs e dessas tribos, que realizaram grandes feitos por suas comunidades por intermédio da força espiritual e política, permanecem sendo cultuados depois da morte — depois do retorno ao Orum —, recebendo festejos em datas comemorativas e sendo invocados quando existe a necessi-

---

1 Termo sânscrito que se refere ao fluxo incessante de morte e renascimento. [NE]
2 Segundo o *Dicionário yorubá-português*, de José Beniste (Bertrand Brasil, 2019), o termo *idilé* significa "família, clã, descendentes de um ancestral familiar da linhagem masculina", formada pelas palavras *idí* (raiz) + *ilé* (casa). [NE]

dade de aconselhamento para decisões importantes. Esses espíritos foram pessoas que desenvolveram ações honrosas pelo clã/tribo étnica, como lideranças tribais e religiosas, nas funções de iyaninfas, pajés (mulheres e homens), babalaôs, caciques (mulheres e homens), guerreiras(os), caçadoras(ores), coletoras(es), parteiras, oráculos, rezadeiras(ores), médicos tradicionais, chefes de exércitos, oradores(ras), musicistas ou pensadores filosóficos.

Sendo assim, nessas tradições, esses grandes espíritos permanecem vivos como guardiãs protetoras e guardiões protetores, ainda que sejam considerados mortos (inertes) pelas religiões cristãs e obsessores de acordo com a visão espírita. Para esses povos, a cosmogonia é diferente.

Na maioria dos templos de Umbanda, prevaleceu a ideia de que, quando o espírito de um morto está por perto, trata-se de um obsessor, um egum, que traz energias negativas e deve ser afastado. Naturalmente, nem todos os espíritos dos mortos são bons; aqueles que não tiveram bom caráter, de fato, possuem uma energia ruim, já que não produziram ações valorosas quando vivos, mesmo que seja um parente querido, e é muito importante entender isso.

A chave do entendimento está em compreender que o domínio do pensamento cristão retirou de nós a prática do culto ancestral e nos fez absorver o costume de rezar missas para encaminhar as almas e de fazer trabalhos para despachar eguns, mandando-os para bem longe de nossas vidas; quando, na verdade, nem todos os mortos devem ser afastados de nós. Os bons espíritos da família devem permanecer conectados, auxiliando-nos como guardiões pelo acúmulo de saberes que possuem.

Nesse sentido, uma entidade que acompanha, protege e guia você pode ser um parente designado por Olorum/Tupã para conduzi-lo e aconselhá-lo, intuitivamente, para as melhores escolhas que o levem ao bom cumprimento do destino e, consequentemente, ao encontro da felicidade.

Porém, isso só é possível quando a conexão está bem ativa. Quando ela está enfraquecida, a sintonia não acontece, sendo esse um dos motivos que contribuem para que nossa mediunidade fique em desequilíbrio, gerando-nos mal-estar, pelo fato de o canal de comunicação astral estar bloqueado.

Alguns desses espíritos foram lideranças tribais de nosso clã, acumularam grande força e poder de cura e proteção e, por isso, têm o compromisso de dar continuidade a esses saberes ancestrais como entidades, agindo sobre nossa mediunidade por meio das funções/dons/cargos que temos dentro do terreiro, como cânticos e toques de atabaques, cambonagem e até mesmo incorporação e direção de uma comunidade religiosa, no caso das mães e pais de terreiro.

Um dos mais bonitos fenômenos que temos dentro do chamado ancestral se dá quando somos informados de que somos médiuns e temos um compromisso com a Umbanda ou com o Candomblé. Isso significa considerar a forte possibilidade de que, em alguma existência anterior, pertencemos aos povos africanos e indígenas e, agora, estamos sendo chamados a essa reconexão ancestral para darmos continuidade à tradição de nosso idilé no plano terreno (Aiyê) por intermédio da prática umbandista ou da candomblecista.

Quando explicamos que a Umbanda e o Candomblé são fenômenos religiosos afro-indígena-brasileiros, precisamos entender que esses sistemas foram recriados e reorganizados como princípios de resgate dos eixos civilizatórios que constituem a ancestralidade africana e indígena e que foram atravessados e, consequentemente, desestruturados — inclusive com a destruição total de algumas tribos — pelo imperialismo "colonizador" eurocristão, que satanizou nossas práticas, matou nosso povo e, por meio do sequestro e do tráfico dos africanos e dos indígenas, separou nossa família dos poucos que conseguiram sobreviver à escravização e às fugas tribais. Essa prática de tortura genocida fez com que muitos de nós, de uma hora para outra, nunca mais convivêssemos com nossas famílias biológicas.

A recriação desse sistema religioso teve a finalidade de reagrupar os espíritos sequestrados do clã, reaproximando os familiares de outrora da religiosidade e da cultura ancestral. E, o mais importante, esse sistema nos possibilitou retomar a filosofia e a cosmologia de nossa origem étnico-ancestral, devolvendo-nos o sentido da vida através de valores ausentes no pensamento cartesiano, nas filosofias europeias ou na cosmogonia cristã. Por fim, vencemos o banzo, que é uma saudade, uma tristeza, uma depressão ancestral que sentimos por termos sido arrancados, roubados, de nossa tribo étnica.[3] Esse é o motivo pelo qual voltamos a nos sentir bem, fortalecidos e felizes quando reconectados à nossa tradição ancestral depois da iniciação na Umbanda ou no Candomblé.

Retornamos ao convívio de nossa família espiritual, voltamos a rezar e a louvar nosso sagrado; a cantar e a dançar; a comer, a dividir e a distribuir comida; a cuidar da natureza e de nossa saúde com a medicina milenar; a nos ocupar e a nos comportar como fazíamos há anos. Esse retorno devolve a paz para nosso ori (cabeça), aquela que o sequestrador eurocristão nos roubou quando impediu e proibiu nossa convivência com nossa tribo étnico-originária.

Por todas as explicações resgatadas e expostas, precisamos descolonizar a Umbanda, deixando de lado as práticas cristãs que nos destruíram como povo. Isso deve ser feito em respeito à nossa história e

3   Cf. PINTO, 2019.

à ancestralidade à qual pertencemos — desde o início dos tempos —
e à qual devemos honrar.

A entidade que você carrega é sua ancestral. Mantenha-a conecta-
da a você — como faz com um parente amigo que está próximo — para
lhe proteger e aconselhar para o bom cumprimento de seu destino.

2.2 Para se aprofundar

- *A busca da África no Candomblé: tradição e poder no Brasil*, de Stefania Capone (2018);
- *História da Umbanda: uma religião brasileira*, de Alexandre Cumino (2019);
- *Levanta, favela!: vamos descolonizar o Brasil*, de Mãe Flavia Pinto (2019);
- *Pensar nagô*, de Muniz Sodré (2017);
- *Os yorubas do Novo Mundo: religião, etnicidade e nacionalismo negro nos Estados Unidos*, de Stefania Capone (2011).

» 3 «

LEGALIZAÇÃO DE TERREIROS

Direitos e deveres da instituição e da(o) ministra(o) religiosa(o)

Este é um assunto pouco debatido e, exatamente por esta razão, ainda é muito polêmico para a comunidade afrorreligiosa. Tive a oportunidade de promover este debate e de realizar oficinas de formação e uma campanha itinerante de legalização de terreiros em parceria com a Assembleia Legislativa do Estado do Rio de Janeiro (Alerj), durante o mandato do Deputado Gilberto Palmares, e a Defensoria Pública, no ano de 2012. Legalizamos, gratuitamente, mais de 60 comunidades de terreiro.

A maioria dos terreiros de Umbanda e de Candomblé existe de fato, mas não existe de direito, já que não é juridicamente instituída, ou seja, não está inscrita no Cadastro Nacional da Pessoa Jurídica (CNPJ). Assim como uma pessoa que não está inscrita no Cadastro de

Pessoas Físicas (CPF) e, quando vem a óbito, pode ser enterrada como indigente, pois é vista como uma pessoa que inexiste aos olhos da lei civil, uma instituição que não está devidamente legalizada pode atuar por anos sem nunca ter o reconhecimento público de sua existência.

Consequentemente, essa instituição não poderá usufruir dos direitos previstos na Constituição Brasileira, como a inscrição junto aos Conselhos de Assistência Social, de Direitos Humanos, da Criança e do Adolescente, do Idoso e vários outros. Também não poderá ter um título de utilidade pública, receber verba parlamentar prevista na Lei de Diretrizes Orçamentárias (LDO) para o desenvolvimento de projetos sociais, além de não poder ser legalmente credenciada junto aos hospitais, presídios, abrigos de adultos e menores, dentre outros, para a prestação de assistência afrorreligiosa. Por fim, a ministra(o) religiosa(o) não poderá se cadastrar e recolher o INSS para fins de aposentadoria.

Naturalmente, a legalização também implica deveres para a instituição religiosa, como a declaração de imposto de renda e, caso ela queira desenvolver projetos sociais, a adequação à Lei Orgânica de Assistência Social (LOAS), realizar assembleias e atas para deliberar sobre as ações e os interesses da instituição, realizar balanço contábil e patrimonial, dentre outras responsabilidades.

Esses são caminhos que devem ser percorridos por quem deseja estar à frente de uma instituição religiosa para que, no futuro, venha a ter os direitos assegurados, inclusive em casos de eventual processo judicial, como nos tristes episódios de intolerância religiosa, em casos de disputa imobiliária e em situações de falecimento da(o) dirigente do templo religioso, por exemplo.

Ao longo desses anos, testemunhei casos de terreiros que fecharam e/ou foram extintos em decorrência da morte da liderança religiosa, que não assegurou juridicamente a continuidade da instituição.

Muitas vezes, vejo lideranças mal-informadas, reclamando de que somos discriminados pelo Estado brasileiro porque não temos acesso aos mesmos direitos que outros segmentos religiosos. Porém, essa não é a realidade, não acessamos esses direitos porque não estamos legalmente organizados. Ninguém é obrigado a se legalizar, no entanto, quando se escolhe permanecer sem uma documentação oficial, as reclamações sobre o não acesso aos direitos tornam-se infundadas e indevidas.

As outras organizações religiosas avançam cada dia mais nas conquistas dos direitos, como a conquista de concessão pública de canais de televisão e rádio, tudo isso custeado com o dinheiro público arrecadado por meio dos impostos que todos pagamos. Ou seja, pagamos para que os evangélicos e os católicos detenham ferramentas de comunicação que, muitas vezes, acabam sendo usadas para acirrar a intolerância religiosa, mas não conseguimos entender que precisamos mudar nossa forma de organização se realmente quisermos desenvolver ações de promoção da liberdade religiosa, assegurando aos povos de terreiro os mesmos direitos que as igrejas acessam.

A ocupação política desses segmentos os levou à formação de bancadas cristãs dentro do Congresso Nacional, em que são responsáveis por defender os próprios interesses junto ao orçamento público que destina recursos para obras sociais, permitindo que promovam cada dia mais ações sociais. Obviamente, o intuito aqui não é criticar, já que as iniciativas são muito dignas e bonitas, mas devemos nos organizar para usufruir dos mesmos direitos que os outros segmentos.

Já passou da hora de as comunidades de terreiro exercerem sua cidadania política para usufruir de seus direitos constitucionais em nosso território, e a legalização é parte estruturante e estrutural para essa conquista.

Legalização de terreiros

» 4 «

ÉTICA RELIGIOSA SACERDOTAL

Respeito à ancestralidade dos terreiros

Este, certamente, é o tema mais invisível, ignorado e pouco debatido dentro da comunidade afrorreligiosa brasileira. Em tradução literal, "ética" significa "o conjunto de padrões e valores morais de um grupo ou indivíduo". Na filosofia, ética, ou filosofia moral, é a ciência que estuda os motivos que constroem e distorcem os padrões de comportamento do ser humano, resultado da convivência em sociedade.

Na filosofia africana do Antigo Egito, na sociedade de Kemet, filosofia também representava o equilíbrio entre a conduta e o coração, o que significa dizer que não pode haver distância entre aquilo que você pensa e o que você faz. Quando os indivíduos de uma sociedade pensam e praticam conforme a ética, toda a comunidade é beneficiada por esses valores, que protegem a tribo das más condutas.

A deusa egípcia Maat[1] (Egito Antigo, c. 5000 a.C.) tem como símbolo a balança do equilíbrio, e nos ensina que o coração deve ter o mesmo peso que uma pena de avestruz, ou seja, as ações devem ter equilíbrio entre o que sentimos e as palavras que saem de nossa boca, para que possamos viver em paz e, assim, manter a harmonia da tribo e passar pelo portal da vida após a morte.

Será que temos refletido sobre esse assunto? Será que, quando recebemos denúncias de escândalos e de crimes dentro dos terreiros, pensamos se isso tem a ver com falta de ética, que não é estabelecida como regra e ensinamento na formação de um sacerdote dentro do terreiro? Será que todas as pessoas que recebem um cargo ou que abrem um terreiro foram ensinadas a serem éticas? Quais as referências que inspiram a conduta ética e a prática sacerdotal das lideranças dos terreiros que você frequenta, integra ou dirige?

Lamentavelmente, sabemos que a resposta é negativa. Não existe uma preocupação com a conduta ética, porque, na maior parte dos casos, as pessoas que abrem terreiros estão preocupadas em ter visibilidade e destaque no meio religioso e/ou em ganhar dinheiro e fama. Não por acaso, muitos terreiros nascem da dissidência entre médiuns e dirigentes, o que leva o grupo a formar uma nova casa com novas práticas e valores. Não estou dizendo que isso é errado, mas é preciso refletir que esse tipo de ruptura demonstra, na prática, que, se houve dissidência, é justamente porque alguns médiuns passaram a discordar da conduta ética da direção do templo. Logo, se isso ocorre, é preciso se perguntar

---

[1] A deusa Maat, ou Ma'at, é uma divindade do Egito Antigo conhecida por personificar a ordem, a justiça, o equilíbrio e a verdade. É representada, geralmente, como uma mulher alada que usa uma pena de avestruz na cabeça. Segundo a mitologia egípcia, era filha de Rá, o deus do Sol, e esposa de Thot, o deus da escrita e da sabedoria. Toda pessoa que morria tinha o coração, que representava a consciência do morto, pesado na balança de Maat diante do tribunal do deus Osíris. Para entrar no paraíso de Osíris, o coração deveria ser mais leve que a pena da deusa; caso fosse mais pesado, a deusa Ammit devoraria o coração e o morto desapareceria para sempre. [NE]

quais eram os valores estabelecidos, ensinados e praticados dentro do terreiro e quais foram os fatores que levaram às mudanças dessas práticas que aconteciam antes ou que, simplesmente, deixaram de ocorrer.

Não é incomum ouvir relatos sobre determinada liderança religiosa que tinha a mediunidade muito forte, mas que se perdeu pelo caminho. É preciso questionar por que isso ocorre. Essa reflexão é importante, porque as respostas nos farão evitar cair nas mesmas ciladas que muitas lideranças caem.

Comece se perguntando quem preparou essa(e) dirigente para a função. Qual era a conduta ética dessa(e) mais velha(o) que a(o) preparou, se é que houve quem a(o) preparasse. As respostas são necessárias para aprofundar a reflexão sobre os motivos de muitos terreiros serem liderados por dirigentes que não estão ligadas(os) a outro terreiro, ou seja, mantêm a função de mãe ou pai espiritual dos médiuns, mas não se colocam no lugar de filha(o) de outra liderança mais experiente e, portanto, com mais sabedoria e estatura espiritual para lhe ensinar, amparar, orientar e cuidar. Assim, temos à frente dos terreiros lideranças que cuidam de vidas, mas não permitem ter a vida cuidada por outra pessoa que está anos à frente de sua caminhada espiritual.

É urgente pensar sobre o quanto esta suposta "autonomia espiritual" para abrir um terreiro pode estar diretamente ligada aos desastres, vexames e escândalos praticados dentro da religião, expostos de forma farta nas redes sociais e em outras mídias, que tanto envergonham e contribuem para o aumento do racismo religioso que a sociedade nos oferta, em virtude das imagens públicas passadas por muitos praticantes da Umbanda e do Candomblé.

Esse problema é antigo. Há alguns anos, muitas lideranças se preocuparam com a questão da ética na religião e criaram o Conselho Nacional Deliberativo de Umbanda (CONDU), com o compromisso de formar e qualificar eticamente as sacerdotisas e os sacerdotes de Umbanda. Ironicamente, pelo motivo de sempre, o excesso de vaidades mediúnicas, a documentação do CONDU ficou presa, pois ficou passando de mão em mão entre as pessoas que o queriam liderar. Algumas já retornaram ao Orum e, atualmente, ninguém sabe onde está a documentação.

Ressuscitá-lo, creio eu, não é o caso, mas de reunir um novo grupo de pessoas para a criação de um novo Conselho de Ética, que não terá a finalidade de ensinar ninguém a fazer magia, feitiço ou curimba, mas de estabelecer regras mínimas de boa conduta para preservar e fortalecer o corpo sacerdotal à frente dos terreiros e, consequentemente, a imagem das religiões afro-brasileiras diante da opinião pública.

Por que isso é importante? A verdade é que, infelizmente, parte do racismo religioso que sofremos vem das imagens negativas que circulam em larga escala na internet, além de anúncios e propagandas com garantias de "trago a pessoa amada em 'tantos' dias", reforçados por vários "sacerdotes" que vendem os "desserviços" de colocarem as forças da religião para destruir inimigos dos consulentes, entre outras patifarias que só reforçam o imaginário de que somos uma religião do mal.

Quando ouvem e assistem a essas coisas, as pessoas lançam um olhar crítico sobre a religião como um todo, não fazendo distinção entre quem é ético e quem não é dentro do segmento das religiões, tampouco fazem distinção entre Umbanda e Candomblé, acham que tudo é uma coisa só. Por esse motivo, muitos de nós sofremos o preconceito social, midiático e até mesmo dentro da própria família biológica, quando anunciamos que estamos frequentando um terreiro.

Por outro lado, é muito importante debater o aspecto da hipocrisia que envolve a questão. É preciso pensar sobre quem são essas pessoas, integrantes da mesma sociedade que nos critica, mas que, na primeira oportunidade, procuram esses possíveis sacerdotes, dispostas a pagar um bom montante em troca de serviços "espirituais" que lhes possibilitem conseguir o que querem sem se preocupar com valores éticos. O que quero dizer é que esses "sacerdotes" vendem serviços de amarração e de destruição porque existem pessoas igualmente interessadas em se vingar e em destruir inimigos, familiares, empresas ou em obrigar alguém a ficar com elas, mesmo sem amor. Em outras palavras, são pessoas sem ética em busca de outras como elas que validem seus caprichos egocêntricos.

O que ninguém reflete é que essas pessoas não falam em casa, no trabalho e nos grupos de amigos que fazem esses serviços espirituais negativos. Elas alimentam um comportamento hipócrita de boa pessoa e, por vezes, reforçam o coro dos que nos criticam, porque seus familiares e amigos não sabem que elas são "clientes" desses tipos de trabalhos, já que frequentam os "terreiros" sigilosamente.

Vivemos em uma sociedade racista, hipócrita e cheia de falsos moralismos; portanto, não podemos esperar que a opinião pública mude a imagem que tem de nós por conta própria. Os praticantes da Umbanda e do Candomblé precisam defender a imagem e o futuro de nossa religião. O desenvolvimento de ações intrarreligiosas e de políticas públicas que transformem a visão sobre as religiões afro-brasileiras favorece a luta pela liberdade religiosa e diminui drasticamente os ataques discriminatórios que recebemos gratuitamente dos intolerantes religiosos dentro das escolas e dos ambientes profissionais, públicos, familiares e sociais por onde transitamos.

Isso não significa dizer que, sendo descendentes de povos que sofreram mais de 400 anos de escravização, ainda devemos mudar a opinião pública sobre nós por nossa própria conta, como se a discriminação sofrida fosse nossa responsabilidade e que, por esse motivo, temos a obrigação de lutar contra o racismo religioso e estrutural que nos foi imposto até os dias atuais. Não é sobre isso. Apenas digo que a mudança de opinião não é fácil nem rápida, principalmente quando muitos "dos nossos" reforçam os estereótipos negati-

Ética religiosa sacerdotal

vos que nos marginalizam e vulnerabilizam perante o inconsciente coletivo da sociedade brasileira.

Nos casos das religiões católicas e evangélicas, que são predominantes no Brasil, quando um pastor ou um padre é pego em algum escândalo, denúncia de crime ou conduta que resulta da falta de ética, imediatamente, o conselho religioso do respectivo segmento, como a Mitra[2] da Igreja Católica, ou o respectivo órgão da Igreja Universal do Reino de Deus (IURD), além de outras representações religiosas federais, como a Federação Espírita do Brasil (FEB) e a Congregação Batista do Brasil, se manifesta. O corpo jurídico desses órgãos e instituições entra oficialmente em defesa da imagem do segmento religioso, alegando que aquela conduta não corresponde ao código de ética da religião, ou disponibiliza um advogado de defesa em prol do sacerdote denunciado em caso de calúnia, intriga ou difamação, o que também ocorre, já que nem todos os casos são verdadeiros. Afinal, existem maledicências difamatórias, sabemos disso. Ademais, esses órgãos realizam campanhas midiáticas para promover a boa imagem junto à opinião pública.

Em nosso caso, qual é o órgão que sai em nossa defesa e da religião perante a imagem pública nos casos de escândalos, crimes e condutas antiéticas? Precisamos desenvolver ações em defesa de nosso povo urgentemente. Temos um número gigantesco de sacerdotisas e sacerdotes seriíssimos que sempre dedicaram a vida a salvar e a transformar a vida de pessoas dentro dos terreiros. Pessoas que renunciam à vida pessoal, familiar, sentimental, profissional, acadêmica, sexual, do lazer e da diversão para se doar ao sacerdócio. Portanto, não podem ser confundidas e receber as mesmas críticas e acusações por conta de atitudes de oportunistas da religião, como se fôssemos "farinha

---

2   A mitra, também chamada cúria, é um organismo administrativo que cada arquidiocese, diocese ou eparquia da Igreja Católica possui. [NE]

do mesmo saco", porque não somos. Definitivamente, precisamos encontrar um meio de mostrar à sociedade que somos diferentes dos comerciantes da religião e que realizamos um trabalho sério e digno do mesmo respeito conferido às autoridades das outras religiões.

Em médio e longo prazo, isso nos ajudará na luta contra o racismo e a intolerância religiosa, à medida que promoveremos mais as boas ações que realizamos, em vez de ocupar a mídia com a oferta destes desserviços "religiosos" de amarrações, balbúrdias e destruições.

Esta é a nossa realidade, as imagens na mídia são vergonhosas, basta dar um clique no Google e constatar que na maioria dos vídeos e fotos que aparece, as cenas são decepcionantes, por vezes constrangedoras, e, geralmente, não correspondem às práticas cultural, religiosa, ética e filosófica pelas quais se orientam as tradições africanas e indígenas há milhares de anos. Nesse sentido, cabe a pergunta: onde está o respeito à ancestralidade dentro dos terreiros, se o que está sendo feito não possui conexão com os ensinamentos transmitidos por nossos ancestrais que originaram os sistemas religiosos que seguimos dentro dos templos de Umbanda e Candomblé?

Na contramão desses fatos, temos pouquíssimas imagens positivas da religião nas mídias televisivas e redes sociais, aliás, é importante lembrar e refletir que não possuímos canal de televisão e rádio. A quantidade de vida que salvamos, o trabalho social que realizamos e a alegria que vigora dentro dos terreiros não são as imagens que predominam junto à opinião pública sobre nós. Precisamos reverter essas imagens por um princípio ético de defesa e reconstrução da imagem que queremos ter no Brasil e no mundo. Permanecermos de braços cruzados pode demonstrar que estamos de acordo ou que não nos importamos com o que está acontecendo embaixo de nossos olhos. Se nossa opção for permanecermos parados, não poderemos reclamar dos ataques de preconceito que viermos a receber.

Ética religiosa sacerdotal

A *Escola de Umbanda Negra e Indígena* recomenda aos alunos, membros e leitoras(es) as seguintes condutas e ações como princípios éticos a serem mantidos pela(o) dirigente de um templo, a fim de preservar a boa imagem da religião e manter a respeitabilidade do próprio terreiro.

4.1 Doze princípios éticos básicos

1. Não acredite em tudo o que falam para você sobre outra mãe/ pai quando procuram o seu terreiro, pois pode não ser verdade, e a(o) sacerdotisa(ote) em questão não está presente para se defender. Além disso, quando saírem da sua casa, a probabilidade de falarem mentiras a seu respeito é altíssima.

2. Não se relacione afetiva e sexualmente com filhos de orixá, afilhados e médiuns, como queiram chamar, depois que eles já se tornaram membros ou filhos da casa. Isso compromete a credibilidade da liderança em relação ao corpo mediúnico e pode abrir precedentes para galanteios desnecessários por parte da assistência e da família espiritual.

3. Reflita bastante sobre permitir que filhos e irmãos se relacionem afetiva e sexualmente. A experiência me ensinou que a proibição e a liberação devem ser experimentadas. Decida junto com o orixá ou a entidade-chefe da casa qual é a melhor opção. Na maioria das vezes, o relacionamento ou a simples "ficada" entre irmãos(ãs) implica a saída de uma das partes da casa tão logo a relação acaba. Quando isso ocorre, quase sempre causa impacto em parte do corpo mediúnico e, consequentemente, na energia da casa, porque terá sempre o grupo que tem mais carinho por uma pessoa em detrimento da outra, o que pode culminar em fofocas, contrariedades e a saída de um grupo maior da casa.

4. Não trate ou chame os consulentes e a assistência de "cliente". Isso é péssimo para a imagem da religião, porque não exercemos atividade comercial nem fornecemos produtos a ninguém; em vez disso, realizamos a troca de orientação, atendimento, fortalecimento, iniciação espiritual. Esse tipo de tratamento reforça a imagem da religião como comércio, diferentemente do que deve ser uma instituição religiosa. Pagamos um preço alto por conta dessa imagem comercial.

5. Não filme rituais fechados ou internos que não possam ser mostrados publicamente. Tenha cuidado com as imagens postadas em redes sociais. Em alguma medida, postar fotos de cerimônias religiosas é positivo para nossa imagem, pois mostra que somos pessoas normais, além de possibilitar a visualização da beleza de nossos ritos, que são desconhecidos por parte da população, o que contribui para a diminuição do preconceito, mas deve haver um limite entre o público e o privado. De maneira bem simplória, evite fotografar entidades e orixás incorporados de frente, muito diretamente. Na maioria das vezes, isso não é bom, energeticamente, mas a decisão final deve ser do orixá ou da entidade-chefe do seu terreiro.

6. Não polua o meio ambiente, pense em práticas ritualísticas que sejam integrativas com a natureza, que respeitem o ecossistema, a fauna e a flora do local onde as atividades religiosas são realizadas. Evite usar materiais poluentes, substitua-os por folhas e materiais com decomposição ecológica. Não deixe vidros em locais da natureza. Respeite a fauna, a flora e o ecossistema local ao entregar uma oferenda, preservando a cadeia alimentar dos animais que não se alimentam de determinados ingredientes industrializados que compõem a oferenda. Pense nisso.

7. Desenvolva ações sociais, ainda que pequenas, como a arrecadação de alimentos que possibilite a entrega e a distribuição de uma cesta de alimentos para uma família carente; ações em asilos, orfanatos, presídios e hospitais; leitura para deficientes visuais e alimento para a população em situação de rua. Descendemos de povos que foram submetidos à fome e à miséria pelo invasor eurocristão; logo, não podemos ser indiferentes à fome e à miséria do povo. É uma questão de princípios ancestral, social, ético, filosófico e espiritual. Os povos africanos e indígenas sempre distribuíram comida entre os seus, uma vez que não conhecíamos a fome até o europeu invadir nossas terras. Terreiros são quilombos e aldeias urbanas que devem interagir com a realidade social da população do entorno.

8. Não pule etapas em sua formação como dirigente, e do seu corpo mediúnico como filho. Tenha alguém mais velho, mais sábio, mais forte, que tenha anos de experiência acumulados à frente de você como dirigente para cuidar do seu ori. Que ensine, corrija, tire suas dúvidas e seja uma referência para sua formação.

   Nenhum indígena se torna pajé sem ter sido preparado por outro pajé mais velho e mais experiente, assim como ninguém se torna iyaninfa ou babalaô sem ter sido preparado por um mais velho ou uma mais velha. Uma pajé e uma iyaninfa levam anos sendo preparadas para exercer a função de liderar a comunidade tribal, mesmo tendo nascido predestinadas para a função. Você pode até não fazer tudo igual aos ensinamentos do seu pai ou de sua mãe espiritual, até porque existe uma autonomia quando se abre um terreiro, mas sua força espiritual deve ser alimentada por alguém mais forte que você.

   Da mesma forma, filhos e médiuns emocional ou espiritualmente despreparados, com pouca vivência de terreiro, não devem assumir responsabilidades para as quais ainda não estão preparados. Caso tenham sido bem-preparados, mas venham a cair em fraquezas instintivas provenientes de vaidades, egoísmos e instintos sexuais e financeiros, não hesite em suspendê--los ou retirá-los da função imediatamente, até que se corrijam e estejam efetivamente fortes para restabelecer funções de autoridade sobre outros filhos e médiuns.

9. Dê atenção à gestão financeira, administrativa e jurídica do templo para que ele alcance um nível de excelência em sustentabilidade capaz de prover a sobrevivência digna da liderança religiosa durante a vida adulta e a velhice. Gere e mantenha trabalhos assistenciais. Tenha atenção com a manutenção e a estrutura para o bom funcionamento físico da casa, evitando, desta forma, a miséria e a vulnerabilidade da(o) dirigente e da continuidade dos trabalhos.

   Uma instituição religiosa sem manutenção física e organizacional terá um impacto negativo sobre os trabalhos espirituais, além de sinalizar duas possibilidades sobre a(o) dirigente do templo: a liderança da casa é desorganizada ou está sobrecarregada e não dispõe de ajuda adequada para manter a gestão física, espiritual e organizacional do terreiro. Nem sempre o volume de médiuns próximos ao dirigente significa eficiência e proatividade para a administração da casa. Concentre sua atenção na distribuição da organização e das tarefas.

10. Mantenha a decência nas vestimentas do corpo mediúnico, da assistência, das entidades e dos orixás, evitando que o corpo seja usado de forma sexualizada, mas como templo sagrado para a manifestação e a comunicação dos orixás e dos ancestrais.

11. Dê bastante atenção à sustentabilidade do terreiro e da(o) dirigente. Cuidado com a hipocrisia gerada pelo falso moralismo

cristão, que diz que devemos praticar caridade à custa da miséria do religioso. A falta de recursos para uma sustentabilidade digna da(o) dirigente é que faz com que desvios financeiros comecem a ocorrer na instituição. Desenvolva ações que gerem renda para o templo de maneira digna e satisfatória para a sobrevivência de uma autoridade religiosa que dedica anos da própria vida a salvar outras vidas. Não se pode deixar a autoridade religiosa do templo desprovida de meios dignos de sobrevivência.

12. Tenha dedicação máxima com a vida familiar, afetiva, sexual, intelectual, financeira, patrimonial, com o lazer e, principalmente, com a saúde física e emocional da(o) dirigente. Não sabote esses cuidados. Muitas incoerências comportamentais antiéticas ocorrem justamente nos momentos que um desses campos não está bem na vida da autoridade religiosa.

Sem saúde orgânica e mental, harmonia familiar, desenvolvimento intelectual, equilíbrio financeiro, vida sexual sadia, casa própria, moradia confortável, lazer e, especialmente, sem amor e afeto, não há felicidade genuína. Existe um perigo iminente de que essas ausências na vida de uma pessoa adulta se tornem fanatismo religioso dentro do terreiro.

Se ninguém consegue ser feliz sem os atributos citados acima, não exija ou atribua aos dirigentes superpoderes espirituais, esperando que eles sejam felizes sem os adubos emocionais mínimos da felicidade. Cuide para que a(o) ministra(o) religiosa(o) seja a pessoa mais feliz possível, para que tenha bom humor e leveza para dar conta da tarefa tão árdua, visceral e altruísta que é dirigir um templo religioso, seja de qual religião for.

» 5 «
GESTÃO E SUSTENTABILIDADE DO TERREIRO

Remunerações, ações assistencialistas e geradoras de recursos

Conforme exposto anteriormente, os terreiros de Umbanda e Candomblé, historicamente, não têm a tradição de legalizar-se jurídica e administrativamente, diferentemente das igrejas evangélicas e católicas, que possuem órgãos centrais para a organização institucional, o que lhes possibilita ter uma boa gestão, que assegura a sustentabilidade financeira, ritualística e social dos templos. Essa forma de organização permite às igrejas manter projetos sociais e instituições filantrópicas, como abrigos, orfanatos, asilos, creches e faculdades, além de salários para a autoridade religiosa.

Em nosso entendimento, a função das religiões é promover conforto espiritual, potencializar o otimismo e adubar a esperança e a fé da humanidade. No entanto, é preciso compreender que quem está com fome não pode estar feliz. Quem está com dificuldades para manter a sobrevivência existencial precisa ter as necessidades básicas atendidas para, então, ter condições de sentir-se em paz. Diante dessa triste realidade, cabe a reflexão se é de fato possível ser religioso e manter-se indiferente às dores humanas e sociais.

Com isso, não estamos dizendo que as religiões devem resolver os problemas causados pelo sistema político-econômico que causa fome, miséria, desemprego, subemprego e dor. Naturalmente, esse dever é do Estado, mas temos a consciência de que habitamos um mundo cheio de ganâncias, que acumula desigualdades sociais, e que grande parte das queixas "espirituais" que chegam aos terreiros são, na realidade, problemas causados pelo desemprego e pela falência dos sistemas públicos, que fracassam em garantir condições dignas de sobrevivência às pessoas.

Nas tribos tradicionais africanas e indígenas, o modelo de organização social assegura a distribuição igualitária de responsabilidades, alimentação, moradia, saúde, tarefas, trabalho, lazer, educação e cuidados com a velhice. Por isso, as comunidades não conheciam a fome; a falta de moradia; o desemprego; o abandono de crianças, idosos e deficientes; e a falta de cuidados com a saúde.

Da mesma forma, a liderança espiritual, que também acumula a função de autoridade político-jurídica, tem as condições de sobrevivência básicas asseguradas para que tenha tempo, tranquilidade e estabilidade emocional e patrimonial para realizar a orientação, o aconselhamento e os cuidados com a saúde de toda a comunidade tribal. Nunca foi um tabu para esses povos assegurar a sobrevivência da(o) pajé, da iyaninfa e do babalaô.

De acordo com essa perspectiva, o terreiro tem de se manter organizado para, primeiramente, prover a sobrevivência financeira da ministra(o) religiosa(o), assegurando-lhe um salário digno, previdência pública e privada e plano de saúde, de modo que ela(e) tenha condições emocionais e patrimoniais estáveis para realizar a matrigestão da comunidade que, guardando as devidas proporções, requer a mesma atenção que as comunidades tribais.

Assim como a(o) chefe tribal, a(o) sacerdotisa(ote) religiosa(o) dedica 24 horas do dia para manter a comunidade de terreiro em pleno funcionamento. Mesmo quando ela(e) trabalha em uma empresa pública ou privada, como foi o meu caso por anos, permanecerá com a energia mental convertida às demandas espirituais, administrativas e sociais inerentes à gestão do templo. Isso significa que, ao exercer a profissão no mercado de trabalho, ela(e) não está isenta(o) de ser mobilizada(o), a qualquer tempo ou hora, para um socorro espiritual, ou seja, a profissão não a(o) isenta de ser uma(um) sacerdotisa(ote) espiritual. Em 24 anos de prática religiosa e profissional, isso ocorreu comigo centenas de vezes, e afirmo que não foi nada fácil conciliar as duas funções. A dupla missão não é impossível, a questão é ter lucidez para definir o tamanho e as tarefas que serão feitas em médio e longo prazo para a casa religiosa e para si próprio, além de se certificar do que efetivamente está disposta(o) a abrir mão para ter uma dedicação plena: o compromisso espiritual ou a carreira profissional.

As esferas financeira, patrimonial, da saúde e previdenciária organizadas da(o) ministra(o) religiosa(o) asseguram, consequentemente, que uma autoridade esteja em paz para realizar a administração do templo. Esse cuidado é importantíssimo para evitar inúmeros transtornos que acontecem nos terreiros em virtude de a(o) dirigente não ter condições dignas de sobrevivência. Destacamos, a seguir, dois exemplos mais evidentes.

Gestão e sustentabilidade do terreiro

Em primeiro lugar, dirigentes de terreiros que dedicam a vida inteira a cuidar espiritualmente de centenas ou milhares de pessoas, e depois passam a velhice em situação de miséria ou com dificuldades financeiras, muitos, inclusive, sem ter o direito previdenciário assegurado, por descuido próprio e da comunidade religiosa. As questões financeira e previdenciária talvez sejam o principal motivo de muitas lideranças só exercerem o compromisso espiritual como dirigentes após uma certa idade, ou seja, quando já estão aposentadas, ou perto disso, e com os bens patrimoniais assegurados, como casa, carro, entre outros.

Em segundo lugar, as práticas "espirituais" e "mediúnicas" que se transformaram em charlatanismo e em mercado comercial em muitos terreiros como decorrência da falta de segurança e de estabilidade financeira experimentadas por certas autoridades religiosas. É evidente que existe uma questão de caráter e ética, mas há também inúmeras situações de pessoas com mediunidade extraordinária que se perderam pelo meio do caminho por razões financeiras.

No caso específico da Umbanda, o falso moralismo cristão nos faz pensar que não se pode cobrar pela prática mediúnica. É preciso debater sobre esse conceito — tão bonito, que eu mesma defendi e pratiquei por anos, e que consta em meu primeiro livro *Umbanda religião brasileira: guia para leigos e iniciantes* (2014) —, mas que não dá conta de explicar como a(o) dirigente vai manter a si mesma(o) e o templo de pé. Caso consiga, qual é o preço a ser pago por sua saúde física, emocional e espiritual ao desenvolver multitarefas para sobreviver?

Esse assunto é bastante delicado, mas precisa ser amplamente debatido dentro da Umbanda. Não estamos defendendo aqui o comércio religioso, que explora, extorque e contribui para a imagem negativa das religiões afro-brasileiras. Estamos falando de terreiros que poderiam estar mais bem administrados, garantindo sua sustentabilidade e possibilitando a ampliação das ações sociais de combate à fome, à miséria e à desigualdade da população de seu entorno.

A maioria dos templos afrorreligiosos está localizada perto dos bolsões de miséria da cidade, o que os leva a exercer um papel histórico-social de quilombos urbanos, acolhendo, amparando e cuidando social e espiritualmente da população periférica, sendo a maioria dela negra e indígena, ou seja, descendentes dos ancestrais que se manifestam como pretas-velhas e caboclas dentro dos terreiros.

A partir dessa compreensão, podemos estabelecer o entendimento de que as ações sociais fazem parte do compromisso ancestral de todos os terreiros para o acolhimento espiritual e social daqueles que não têm condições econômicas. Todo terreiro deve ter uma atividade, ainda que mínima, de combate à desigualdade social e à fome, a exemplo do modelo social das tribos matrizes da Umbanda. Não conseguimos matar a fome do mundo inteiro, mas, ao alcançarmos algumas poucas famílias, já será possível promover uma pequena revolução na construção de uma cultura de paz no planeta, seguindo, assim, o princípio dos povos originários, que sempre proveram alimentos, moradia e recursos para toda a comunidade, o que se distancia da realidade que o mundo eurocristão capitalista inventou, em que as famílias que podem vão ao mercado e asseguram sua alimentação, ignorando o fato de que existem muitas famílias com fome no mesmo planeta em que habitam. Ignorar a fome não é uma prática de nossos povos.

Comece doando um quilo de algo todo mês para alguém que precisa. À medida que seu terreiro gerar sustentabilidade para ampliar o alcance das pessoas atendidas, expanda as ações com atividades culturais, esportivas, educativas, de formação artística, terapêuticas, dentre outras.

Atente-se para duas recomendações: primeiramente, o templo não é obrigado a fazer ação social, mas é o que se espera como missão de uma instituição religiosa; segundo, e mais importante, ações filantrópicas são muito bonitas para a imagem pública, mas não se sustentam na prática. Muitos médiuns se disponibilizam a auxiliar e até a iniciar um trabalho voluntário, mas somem assim que conseguem um emprego. É preciso entender que eles não estão errados; porém, a instituição, ao parar com as ações, deixa o público beneficiado desassistido. Para evitar que isso ocorra, é imprescindível estabelecer como regra a sustentabilidade econômica social e religiosa da instituição de forma privada, uma vez que, diferentemente das igrejas evangélicas e católicas, não recebemos verbas públicas parlamentares pelas razões já explicadas anteriormente.

Então, para não gastar energia mental, espiritual e física para iniciar uma ação social e ter de parar por falta de subsistência, recomendamos duas ou mais ações simultâneas, uma que gere os recursos e outra com finalidade assistencial.

- Ações geradoras de recursos: mensalidade do corpo mediúnico; doação espontânea da assistência; arrecadação de alimentos nos dias de atividade; venda de livros, artesanatos, cantina, perfumes, rifas, almoços etc.
- Ações assistenciais: doação de cestas de alimentos e de roupas; apadrinhamento de crianças; aulas de capoeira, judô, jongo, dança de salão; oficina de artesanatos; reforço escolar; pré-vestibular comunitário; aula de informática e cursos profissionalizantes; cursos de estética, corte e costura; roda de leitura; leitura em braile; leitura para audioteca; assistência religiosa e alimentar em abrigos para pessoas com deficiência, mulheres, crianças, homens e idosos; visitas a hospitais, presídios, asilos, creches; dentre outras possibilidades.

Tenha em mente que iniciar uma atividade de auxílio ao próximo e ter de interrompê-la é tão desgastante quanto não iniciar; portanto, só inicie uma ação quando tiver uma estrutura mínima para mantê-la em funcionamento. Interrompê-la gera frustrações para a(o) dirigente e para o público atendido, desgaste para a imagem do templo e da(o) dirigente, desmotivação do corpo mediúnico e consequências astrais impossíveis de descrever aqui em decorrência da interrupção do socorro que estava sendo prestado aos descendentes de uma linhagem ancestral.

Esteja legalmente organizada(o) para concorrer a editais para realização de projetos sociais. Busque parceria com as empresas públicas e privadas e pequenos comerciantes da região para ajudar nas ações sociais.

Mantenha um cadastro ativo com os dados oficiais das famílias atendidas para possíveis parcerias com órgãos públicos e privados e a prestação de contas de tudo o que recebeu e tudo o que doou para eventuais fiscalizações solicitadas por algum doador. Fotografe tudo, tendo o cuidado de não expor o rosto do público beneficiado, principalmente quando for criança, pois o Estatuto da Criança e do Adolescente (ECA) não permite. Registre as ações assistenciais nas redes sociais, isso contribui para a promoção da liberdade religiosa, uma vez que mostramos a grandiosidade dos trabalhos que realizamos. Não precisamos agradar ninguém, tampouco justificar nossa existência, mas toda ação que contribua para o combate à intolerância religiosa favorece toda a comunidade.

Procure pagar salário para as pessoas que exercem "trabalho voluntário" com frequência maior que duas vezes por semana no terreiro. Faça isso com o auxílio do contador para evitar possíveis problemas trabalhistas no futuro.

É fundamental ter uma(um) assistente social à frente de todas essas ações. Essa(e) profissional pode ser filha(o) do terreiro ou não. Sabemos o quanto isso é difícil, mas é indispensável ter atenção em relação a essa necessidade.

Gestão e sustentabilidade do terreiro

» 6 «
MEDICINA TRADICIONAL INDÍGENA E AFRICANA

Uma perspectiva ritualística
milenar dentro dos terreiros

Um dos maiores impactos negativos do racismo religioso na Umbanda é ter afastado nossas práticas ancestrais das ritualísticas africanas e indígenas. Em decorrência do sincretismo religioso, que foi obrigatório durante a escravização, muitos terreiros adotaram práticas católicas que até hoje são naturalizadas dentro da Umbanda e do Candomblé, como os gongás dos terreiros de Umbanda com imagens de santos católicos e as cantigas com menções a santos católicos e, no Candomblé, as missas que os iaôs assistem e, durante os axexês (rituais fúnebres), as missas oferecidas ao morto, além do fato de muitos umbandistas e candomblecistas se casarem e batizarem os filhos na Igreja Católica em vez de o fazerem no terreiro.

Em decorrência do forte preconceito que sofremos, a fusão dessas práticas foi necessária por décadas, como já explicamos. Atualmente, precisamos refletir que nada mais nos obriga a manter as ritualísticas católicas dentro do terreiro, por mais difícil que isso seja. Por exemplo, as cantigas com menções à cosmogonia católica, dentre tantas que falam dos santos cristãos, assim como as cantigas de povo de rua, que correlacionam os exus ao satanás, ao diabo etc., muitos que cantam e invocam essas forças desconhecem que elas não pertencem à tradição de exu. Mudar todas as cantigas de Umbanda é uma tarefa praticamente impossível, mas para tudo na vida existe um começo.

No inconsciente coletivo, a imagem que se tem das palavras "diabo" e "satanás" está correlacionada às forças demoníacas. Nos terreiros, quando chamamos por esses nomes nas cantigas, estamos invocando uma vibração densa, totalmente distante da energia de alegria, força e vitalidade que os exus nos trazem de verdade. Além disso, fica mais difícil combater o racismo religioso, reforçando a utilização desses nomes em nossos trabalhos espirituais. Uma pessoa que está visitando o terreiro pela primeira vez, em busca de paz, e se depara com esta "louvação demoníaca" ao participar de uma gira ou de um toque pode ter um choque e reforçar ainda mais o preconceito que enfrentamos junto a uma sociedade que se pauta pela hegemonia de uma cultura cristã. Fica muito mais difícil desconstruir a ideia de que exu não é o diabo se dentro dos terreiros nós reforçamos essa fala.

Em decorrência da forte carga de precisar parecer uma religião branca-cristã para ser mais aceita e sofrer menos perseguição, muitos afrorreligiosos não se aprofundam na origem étnico-ancestral dos ritos praticados dentro dos terreiros.

Muitos terreiros de Umbanda, inclusive, abolem certos rituais justamente para não demonstrar proximidade com a cultura afro e indígena, preferindo, na maioria das vezes, realizar práticas espíritas e católicas dentro do terreiro, mesmo cultuando caboclos e pretos-velhos, como já comentamos.

Alguns sequer mantêm a tradição do banho de ervas antes da gira ou ao chegar no terreiro, abolem o uso dos atabaques nas giras; a defumação é feita de forma bem rápida, não dando tempo sequer para os elementos magísticos realizarem a função alquímica necessária para a proteção a que se destinam; não fazem rituais de iniciação para os médiuns novatos; e, mesmo sendo umbandistas, casam-se, batizam os filhos e fazem a primeira comunhão na Igreja Católica. Por fim, não firmam exu, abolem o uso de materiais auxiliares como velas, grãos e folhas nos trabalhos de limpeza, descarrego, sacudimento e desobsessão, elementos que aliviariam muito a sobrecarga energética do médium.

A ausência de elementos ritualísticos pode ser responsável por provocar mal-estar em alguns médiuns durante e depois dos trabalhos, ou tornar uma gira/xirê pesada, densa, na qual é comum a ocorrência de desentendimentos e brigas entre filhos, assistência ou, às vezes, até na porta do terreiro ou na vizinhança. Tudo isso pode acarretar ao médium, após a volta para casa, uma semana inteira arrastada, com sensação de dor e indisposição mental em decorrência dessa baixa energética.

Efeitos físicos como mal-estar súbito, enjoo, náuseas, dor de cabeça, tonteira e sonolência, quando não estão associados ao descumprimento do resguardo de 48 horas — que recomenda ao médium abstinência de álcool, sexo, carne e festas —, quase sempre estão associados à falta dos recursos ritualísticos durante os trabalhos do terreiro.

Sem perceber, deixam de enxergar a profundidade dos rituais de cura e medicina milenar ancestral, deixando de se beneficiar dos potentes recursos na prática dos trabalhos. A carga que deveria ter sido absorvida pelos elementos magísticos ausentes estoura no corpo do astral e físico do médium, e até do dirigente, sobrecarregando energeticamente todo o grupo de trabalho mediúnico da casa.

Outrossim, é importante ressaltar que, em dias de casa aberta, é simplesmente impossível prever quais serão as pessoas que irão compor a assistência. É possível que estejam presentes pedófilos, criminosos, assassinos, políticos corruptos, dependentes químicos, estupradores, violentadores de mulheres, idosos e crianças, depressivos, pessoas com perturbações psíquicas, vítimas de violência e abuso e homens e mulheres praticantes de abortos.

Basta apenas uma pessoa com esse perfil entrar no terreiro para trazer uma atmosfera de nebulosidade consigo. Então, cabe a pergunta: seria justo e prudente que toda essa carga seja transportada para o corpo mediúnico? Quem vai tirar toda a vibração deletéria deixada pelos consulentes depois que eles passarem pelo atendimento no templo?

A falta de desintegração correta dessas energias pode fazer com que elas se materializem nas paredes astrais do terreiro, podendo gerar bastante transtorno em médio e longo prazo. Seria como um banheiro mal lavado, que vai acumulando limo, até que uma pessoa realize a limpeza corretamente e, realmente, deixe o ambiente limpo para os próximos que irão utilizá-lo.

Ao descrevermos dessa forma, alguns podem se assustar, mas devemos lembrar que muitas pessoas que se dizem religiosas são extremamente violentas com seus familiares, e nem todos os crimes são de conhecimento público, portanto, não se pode julgar uma pessoa pela aparência. Não sejam ingênuos de subestimar a hipocrisia humana.

É mais comum do que se imagina que consulentes mintam e omitam informações importantes durante a consulta com a(o) dirigente ou com as entidades para manter uma boa imagem e para testar a força espiritual da casa. Nesse sentido, a firmeza de Exu cumpre um papel fundamental para evitar transtornos com esses tipos de frequentadores, porque possibilita que haja um filtro no portal energético do terreiro (a porta de entrada).

Se um dia for possível ver a radiografia astral dos consulentes, é provável que muitos médiuns, despreparados, assustem-se com a quantidade de larvas astrais que as pessoas trazem para dentro do terreiro. Por isso, é fundamental a utilização de recursos magísticos para limpar o território astral do templo espiritual e criar uma psicosfera geradora de força e proteção energética nos campos físico e extrafísico, envolvendo todo o templo em uma espécie de bolha de proteção. Alguns médiuns conseguem ver, sentir e sonhar com esse fenômeno, que é belíssimo.

A medicina tradicional milenar utiliza elementos da Mãe Natureza para nos curar e proteger. São saberes que antecedem, milhares de anos, a indústria farmacêutica e que, por sua riqueza estar presentes na fauna e na flora, tornam-se acessíveis a todos os seres humanos. Bem diferente da medicina industrial, que receita remédios que só podem ser consumidos por aqueles que podem pagar.

Dentro de uma gira e dos rituais de Umbanda e Candomblé, temos inúmeros elementos de cura sendo operados a favor da comunidade religiosa e da assistência, como defumador, água, fogo, terra, ar, madeira, velas, ervas, firmezas de exus e orixás, oferendas, cruzamentos de terreiro, despachar Exu, sacudimentos, descarregos, ebós, limpezas, amacis, boris, deitadas, firmezas de anjo da guarda, camarinhas, iniciações, obrigações de tempo, energia solar, lunar, mineral, vegetal, aquática, cósmica, entre outros. Ao

Medicina tradicional indígena e africana

utilizarmos esses elementos, estamos praticando e oferecendo a medicina milenar ancestral.

Cada um dos rituais e elementos tem o poder de promover, em um primeiro momento, uma descarga energética na pessoa que está sendo socorrida, retirando dela energias emocionais, influências e presenças negativas que estavam drenando seu vigor energético, provocando desânimo, insônia, perturbação nervosa, vícios, ataques psíquicos, alterações no sistema nervoso, crises de ansiedade e outros sintomas. Em um segundo momento, restaura o axé[1] (energia vital), devolvendo ou apresentando, pela primeira vez, sensações de paz, tranquilidade, fé, otimismo, bem-estar e esperança no assistido.

Esse fenômeno, aparentemente inexplicável para muitos, é praticado há milhares de anos como ciência tradicional pelos povos tribais, que têm na natureza os recursos básicos para manutenção da cultura e da existência. As pessoas se sentem bem no terreiro, justamente porque são atravessadas por esse processo quando passam pelo portal mágico, pela porteira, para adentrar em nossos templos sagrados. Ao entrarem em contato com a energia que vigora no ambiente, têm uma sensação de bem-estar, mesmo sem serem submetidas a um ritual diretamente, às vezes até para uma simples visita profissional, como prestadores de serviço.

Falar sobre isso consiste em nos lembrar da importância dos ritos. Muitos terreiros, em especial os de Umbanda, vêm, ao longo dos anos, deixando de lado as práticas e, com isso, sofrem dois tipos de impactos negativos: deixam de manter viva a tradição por meio da prática;

---

[1] Em iorubá, de acordo com o *Dicionário yorubá-português*, de José Beniste (Bertrand Brasil, 2019), a palavra "àṣẹ" representa "força, poder, o elemento que estrutura uma sociedade, lei, ordem. [...] Palavra usada para definir o respeito ao poder de Deus, pela crença de que é Ele que tudo permite e dá a devida aprovação". [NE]

e sobrecarregam a si mesmos como dirigentes e o corpo mediúnico, com a absorção de larvas astrais que seriam facilmente absorvidas e desintegradas pelos elementos ritualísticos, de acordo com a finalidade específica do socorro espiritual oferecido.

Sem especificar exatamente qual a finalidade de cada ritual, já que isso varia de uma casa para outra, precisamos mergulhar no conhecimento indígena e africano para potencializar a riqueza dos elementos da natureza, que podem ser usados a nosso favor durante o trabalho mediúnico. É fundamental termos um conhecimento mínimo de elementos básicos que devem ser usados durante a atividade pública e privada de todo terreiro.

Para facilitar, seguem informações sobre as funções básicas de alguns elementos presentes no cotidiano dos trabalhos espirituais. Todavia, quase sempre, são utilizados sem que o médium compreenda sua devida importância para o bom funcionamento da atividade mediúnica. Recomendamos o aprofundamento das pesquisas, a fim de potencializar cada vez mais a força desses elementos.

- Água: é o maior condutor de fluido universal, tem o poder de absorver, transmutar, transportar, desintegrar e provocar alquimias em diferentes tipos de densidade energética.
- Terra: tem a função de absorver e filtrar energias como raiva, ódio, rancor, inveja, loucura, depressão, pensamentos suicidas, práticas abortivas, homicídios e todas as formas de violência, e demais doenças psíquicas, orgânicas e mentais.
- Fogo: é o principal elemento de transmutação das energias negativas, tem o poder de capturar e transformar energias densas, oriundas de traumas emocionais, memórias uterinas, ancestrais, e transformá-las em revigoramento mental, tranquilidade, sensação de proteção e acolhimento.

- **Carvão:** é um dos principais minerais para a limpeza do ambiente, tem o poder de combater e absorver energias de baixa vibração provocadas por larvas astrais, quiumbas, formas vampirizadoras e morcegos psíquicos. Quando bem utilizado, tem o poder de galvanizar a psicosfera de todo o ambiente psíquico presente no terreiro.
- **Ervas frescas e secas:** têm o poder de revigorar e restaurar a energia do indivíduo e do ambiente. Se bem magnetizadas, conseguem trazer uma boa quantidade de fluidos das florestas, montanhas e matas para ajudar na limpeza astral do terreiro e das pessoas. Ativam o sentimento imediato de cura, esperança e bem-estar emocional. Acalmam o espírito e o corpo.
- **Defumador:** expulsa quiumbas e energias vampirizadoras, auxilia na purificação, na limpeza e na proteção do ambiente. Quando bem-preparado, tem o poder de manter um isolamento no campo magnético de 6 a 12 horas a partir de um muro ou bolha invisível que ele ajuda a galvanizar no templo.
- **Mandalas (pontos-riscados):** são desenhos gráficos que correspondem a símbolos astrais e quando feitos corretamente atraem uma assinatura energética dos campos astrais correspondentes a cada símbolo e elemento que as compõe. Elas mantêm uma fonte geradora de energia, quase sempre em forma de espiral, durante o tempo em que permanecem materializadas no chão.
- **Pemba (efum):** apesar de este ser o elemento que se tem menos consenso sobre sua origem e finalidade, na prática, percebe-se que ele afasta espíritos caídos e cria um campo de proteção nas pessoas e no ambiente.
- **Firmar ou despachar Exu:** ritual ignorado por muitos terreiros de Umbanda, tem a insubstituível função de dar satisfação

a Exu e pedir licença, autorização e proteção para iniciar qualquer trabalho público ou interno de uma casa que cultua e se conecta com a energia do orixá e se propõe a realizar a limpeza energética de pessoas e do ambiente. Esse rito, quando realizado corretamente, tem a função de filtrar a energia de todas as pessoas que atravessam a porta de entrada do terreiro, que funciona como um portal entre dois mundos astrais. Exu tem o poder de dar caminho a quem tem que chegar e de cortar o caminho de quem não deve chegar até os nossos templos religiosos.

Os outros elementos, como pedras, drusas, cristais, águas da natureza, flores, oferendas, plantas, ar, fumos, charutos, cachaça, óleos essenciais, incensos, cores, símbolos e imagens, possuem funções tão importantes quanto as apresentadas acima, desde que sejam magnetizadas e utilizadas de maneira correta.

» 7 «
DESCOLONIZAÇÃO DO PENSAMENTO BRASILEIRO

Racismo religioso e intrarreligioso na Umbanda e no Candomblé

> "O racismo é um mal que se apresenta de diferentes formas, uma delas é a inferiorização dos bens simbólicos de um povo. Evidenciar a existência de um conceito africano de pensamento é, portanto, necessário, justo."
>
> — Nei Lopes e Luiz Antônio Simas, *Filosofias africanas: uma introdução* —

Em meu segundo livro, *Levanta, favela!: vamos descolonizar o Brasil* (2019), explico de maneira bem simples e didática o processo histórico em que se deu a construção do racismo na sociedade brasileira, desde a invasão do território dos povos originários (indígenas) pelos eurocristãos portugueses, no ano de 1500 (segundo o calendário dos europeus), e o início da chegada dos africanos sequestrados no território brasileiro a partir do ano de 1538.

Lamentavelmente, uma História do Brasil mentirosa é apresentada à maioria dos brasileiros na escola, como já relatamos nos capítulos anteriores.

A ideia de um Brasil sem racismo, alimentada pelo "mito da democracia racial", que Gilberto Freyre vendeu para o exterior em seu clássico *Casa Grande & Senzala* (1933), atrasou em muitos anos o debate sobre a violenta situação do racismo e suas consequentes desigualdades no país.

Interessava à elite brasileira, politicamente, sustentar a imagem de que o Brasil era um país sem racismo, em que os negros eram tratados como membros da família — alguns chamados de "negros de estimação". Isso lhe permitiu, por longos anos, continuar usufruindo de privilégios, como manter o subemprego, o trabalho doméstico não remunerado, o trabalho escravo, entre outras formas de exploração econômica e física do povo preto e indígena a serviço da elite branca.

Um bom exemplo é a lei de cotas e a lei que reconhece o trabalho doméstico como uma atividade profissional. Ambas as leis são recentes, e a resistência da elite brasileira em aceitá-las comprova o porquê de não quererem renunciar ao privilégio de se beneficiar das "vantagens" que o sistema escravocrata deixou como legado nesta nação. Ou seja, um pequeno grupo enriquece à custa da exploração do trabalho de outro grupo social, que não consegue ascender economicamente em virtude das barreiras sociais que o sistema de dominação impõe.

Ativistas dos movimentos negro e indigenista travam duras batalhas intelectuais, ideológicas, políticas, legislativas, parlamentares e midiáticas para evidenciar e desconstruir os danos causados pelo preconceito racial no tecido social da nação brasileira. Esse comportamento discriminatório, tão enraizado na estrutura do pensamento cultural brasileiro, faz com que muitas pessoas reproduzam práticas racistas como se fosse normal. Naturalizam o ódio por outro ser humano pelo simples fato de alguém ter a pele diferente.

Se essas práticas estão estruturadas no inconsciente coletivo do pensamento brasileiro, evidentemente, elas se reproduzem dentro das religiões e, infelizmente, isso se aplica dentro da Umbanda e do Candomblé como práticas de intolerâncias intrarreligiosas.

Precisamos ter coragem de admitir que a nossa Umbanda, uma religião genuinamente brasileira, é, em muitos casos, extremamente racista, machista e homofóbica. Isso se deve ao fato de o nascimento dela ter se dado no contexto social já relatado no início desta obra e pelas figuras principais que têm estado à frente desse segmento religioso até os tempos atuais — quase todos homens, brancos, heterossexuais, de classe média e familiarizados com os valores cristãos.

Embora o registro histórico evidencie que o surgimento da Umbanda ocorreu por meio de um ancestral indígena, na figura do Caboclo das Sete Encruzilhadas, e de um ancestral africano, o preto-velho Pai Antonio, pouco se debate nos templos umbandistas sobre a história desses povos e sua atual situação como descendentes desses troncos étnicos. Muitos desconhecem e até são indiferentes à miséria a que essas pessoas estão submetidas como consequência da exploração desses povos por mais de 400 anos pelos europeus e pelo "capetalismo", que é um sistema gerador de miséria e desigualdades, como nos ensina a liderança indígena Ailton Krenak.

O racismo é tão profundo que se manifesta dentro da prática ritualística nos terreiros, como explicado anteriormente. Lideranças e dirigentes à frente dos templos, principalmente de Umbanda, es-

Descolonização do pensamento brasileiro

colhem não realizar práticas que, em seu entendimento, podem conectá-los à ritualísticas africanas, consideradas por eles "atrasadas e selvagens". Não é incomum ouvir uma crítica ácida sobre alguma casa não ser de Umbanda "pura", porque usa mais elementos africanistas em suas ritualísticas. Ao agirem dessa forma, ratifica-se um racismo religioso, desconectando a origem étnico-cultural-mitológica do orixá, que é africana, não europeia.

Em uma tentativa de desqualificar os terreiros, foram criadas as expressões "Umbanda Branca" e "Umbanda Pura", como uma tentativa de dizer que se trata de uma Umbanda sem vestígios africanistas e indígenas. Parece bastante com alguns centros espíritas (kardecistas), nos quais o preto-velho e o caboclo até podem se manifestar, desde que permaneçam praticamente parados, sendo, muitas vezes, proibidos de falar ou impedidos de usar o linguajar típico de comunicação ancestral ou seus elementos ritualísticos, como fumo, ervas e pontos-riscados, entre outros. O objetivo é ocultar seu pertencimento africano ou indígena, apenas por preconceito racial e ignorância. Na verdade, esse tipo de racismo religioso tem por finalidade dizer que povos fora do continente europeu não são portadores de conhecimento filosófico e de sabedoria espiritual, e, portanto, não são produtores de religiosidade.

Na prática, é como se entrássemos em contato com a manifestação de um espírito judeu, hindu, cigano, budista, japonês, por exemplo, e disséssemos a eles que não existe a necessidade de usar os símbolos de fé e de força da cultura milenar deles, porque isso os caracterizaria como espíritos atrasados.

Definitivamente, esse tipo de racismo velado tem que acabar dentro da Umbanda, ou, pelo menos, dentro dos terreiros que têm à sua frente lideranças comprometidas com a luta contra todas as formas de preconceito.

Ao longo dos 24 anos de existência da *Casa do Perdão*, eram constantes os questionamentos sobre o tipo de Umbanda que praticávamos em nosso templo. Confesso que sempre tive dificuldades de responder a essas perguntas, que sempre vinham em tom depreciativo em relação à cultura negra e indígena. Com o passar dos anos, aprofundei-me cada vez mais em pesquisas, vivências e visitas às comunidades africanas e indígenas até apreender a importância e o valor filosófico e medicinal resgatado, praticado e perpetuado dentro de um terreiro. Hoje, sei que pratico uma Umbanda Preta e Indígena.

Desde a infância, sempre fui apaixonada pela sabedoria dos povos ancestrais. Pedia, durante as aulas na escola, para que as professoras falassem mais sobre indígenas e africanos, mas acabava ficando frustrada com a falta de profundidade que elas tinham em relação a esses temas.

Após estudar mais as filosofias milenares, passei a olhar para as práticas dentro dos terreiros de forma bem diferente do que costumava fazer há 24 anos, quando era inexperiente, pouco estudada, sem contato físico com os povos ancestrais, muito colonizada e bastante católica e espírita (hoje, entendo que era uma tentativa de me defender do preconceito, como muitos umbandistas fazem até hoje, quando, ao serem perguntados sobre a religião, respondem que são espíritas para serem mais aceitos ou se parecerem mais com os brancos).

O maior conhecimento dessas culturas me fez enxergar como sua tradição estava viva nas aldeias indigenistas e nas comunidades tribais africanas, mas também dentro dos ritos no terreiro. À medida que me abri para essa compreensão, recebi cada vez mais orientações das entidades com as quais trabalho, visando a enriquecer as ritualísticas dentro do terreiro, sem medo do preconceito de parecer estar praticando uma religião de "gente atrasada", ou seja, de pretos e indígenas.

Descolonização do pensamento brasileiro

Ao mergulhar mais profundamente em minha personalidade, por orientação do Caboclo Ventania d'Aruanda, pude me perceber como uma pessoa que não se afina com os valores éticos, morais e filosóficos dos povos eurocristãos, mas tenho um encontro de almas, com profunda sinergia, com as bases filosóficas, morais e éticas dos povos africanos e indígenas.

Exatamente por isso, as falas das pretas-velhas e das caboclas sempre ecoaram muito forte em minha alma, fazendo todo o sentido para o despertar de minha consciência existencial. Essa conexão não acontecia quando ouvia padres, pastores e dirigentes espíritas falando. Sempre encontrei verdades e bons ensinamentos nas falas das lideranças de outras religiões, mas sempre me pareceu faltar algo. No entanto, quando ouço matriarcas, caboclas, pretas-velhas, exus e outras entidades falando, uma conexão imediata é estabelecida com minha psique. Meu espírito desperta e as mensagens fazem sentido para mim, pois contemplam tudo o que acredito.

Desde criança, quando as entidades de Umbanda falavam comigo, parecia que eu já as conhecia e que meu espírito conseguia entender a mensagem. Também sentia uma profunda felicidade ao ficar diante de minhas ancestrais através da incorporação dos médiuns.

Eu sentia saudade do atabaque e dos cânticos, mas não sabia explicar, pois eles enaltecem as forças da natureza e a força mítica dos orixás e das entidades, e isso sempre fez sentido para mim. A participação do corpo como parte das práticas sagradas, ao tocar instrumentos, cantar, dançar, rezar, dar passe, limpar, purificar, cuidar e acolher o outro, na maioria das vezes, desconhecido, era algo que sempre achei condizente com a minha compreensão de mundo, ainda que, inicialmente, em estado inconsciente.

Todo esse percurso me fez entender que, se eu não pratico uma Umbanda branca, pura, silenciosa, sem cor e transbordando de preconceitos, é porque, na verdade, eu pratico uma "Umbanda Preta e Indígena". Tenho orgulho de estar cunhando esse conceito e desenvolvendo sua sustentação teórica em todos os meus estudos e produções literárias, como esta obra que apresento agora a vocês.

Além de fundamentar o conceito neste livro, fundei a Escola de Umbanda Preta e Indígena, visando a oferecer formação às pessoas interessadas em uma Umbanda mais tradicional, por meio de livros, palestras, cursos, minicursos, *workshops* e *lives*, compartilhando o conhecimento de uma prática religiosa mais ancestral que consegue ouvir os ensinamentos das entidades que pertencem aos troncos étnico-tribais que deram origem à Umbanda, sem ter de filtrar a forma de manifestar ou expressar o conteúdo das falas para atender a uma cultura cristã.

Este é o meu primeiro livro para tratar diretamente da Umbanda Preta e Indígena. Porém, o conteúdo deste quarto livro é o resultado da somatória de vivências filosóficas, práticas de pesquisas e estudos que originaram meus três livros anteriores. Se você tiver alcançado esta compreensão, ao ser perguntado sobre qual Umbanda pratica, também responderá de forma orgulhosa que pratica uma Umbanda Preta e Indígena, e isso trará muito orgulho para suas ancestrais (entidades) e leveza para seu ori, que se libertará dos preconceitos que acorrentam nossos pés, impedindo-nos de prosseguir com nosso crescimento espiritual e dificultando uma conexão mais profunda com nossas ancestrais.

Alcançar essa maturidade espiritual é extremamente importante, mas não adianta chegarmos a este nível de compreensão intelectual se continuarmos a praticar o racismo intrarreligioso — trata-se do comportamento interno de umbandistas e candomblecistas que tentam desqualificar a prática do outro irmão de fé, por ser diferente da forma que este aprendeu.

Descolonização do pensamento brasileiro

Não existe uma única verdade no mundo, a preta-velha Vovó Joana D'Angola ensina que a pessoa que diz saber tudo no mundo tem de saber quantas estrelas existem no céu. Se não tem esta resposta, logo, seu conhecimento é limitado e você precisa admitir que, por mais que conheça muito sobre algo, não conhece tudo que existe no Universo.

Ao apresentarmos neste livro e em palestras e cursos o conceito para a prática de uma Umbanda Preta e Indígena, não estamos desqualificando as outras práticas, mas apresentando uma correção histórica na organização do pensamento matricial das formas originais a partir das quais se constituíram as religiões brasileiras. Com isso, buscamos descolonizar as práticas — que nos foram impostas pelos eurocristãos que sequestraram nossos ancestrais africanos — que nada têm a ver com nossa cosmogonia, como os batismos e os casamentos católicos para pessoas umbandistas e candomblecistas, o que não faz sentido.

A forma como o povo da Umbanda desqualifica o povo do Candomblé e vice-versa, como se uma religião fosse menor que a outra e como os terreiros de diversas nações falam mal uns dos outros, isso configuram o racismo intrarreligioso, ou seja, a negação e a inferiorização dos valores simbólicos de um povo. Essa prática só nos enfraquece cada vez mais e demonstra nossa fragilidade em relação ao conhecimento e ao pertencimento de nossa própria história.

A África é um continente com 54 países. O povo iorubá é constituído por diversas etnias, distribuídas, a maior parte, na Nigéria, em Togo, no Benin, em Gana e em Serra Leoa. Comunicam-se em múltiplos dialetos iorubás, o que significa dizer que existem diferentes formas de se cultuar orixá e nossa ancestral africana, que vão muito além do que conhecemos no Brasil.

Nas tradições indígenas, não é diferente. Atualmente, existem, aproximadamente, 255 etnias identificadas e cerca de 70 sem identificação, falando mais de 274 idiomas. Logo, existem várias possibilidades de se cultuar a ancestralidade indígena dentro dos terreiros.

É importante destacar que, antes da invasão da África e do Brasil pelos traficantes europeus de seres humanos, estima-se que a Iorubalândia era constituída por, aproximadamente, um milhão de pessoas. Atualmente, é formada por 30 milhões de indivíduos. Já no Brasil, estima-se que havia cerca de 3 milhões de indígenas distribuídos em 1.400 povos falando algo entre 600 e 1.000 dialetos.[1]

O genocídio sofrido por esses povos fez com que fossem reduzidos para os números atuais, no entanto, é preciso considerar que, como troncos étnico-ancestrais, ainda podemos descender das etnias já dizimadas, pois elas permanecem vivas, atualmente, na condição de espíritos (entidades ancestrais), podendo, portanto, manifestar-se dentro dos terreiros, visando a dar continuidade ao legado de saberes filosóficos, medicinais e morais para toda a humanidade.

A partir do aprofundamento desta compreensão, precisamos parar de gastar energia criticando as práticas do terreiro do outro, pois sabemos que não somos conhecedores de todas as verdades do Universo. Nossa herança espiritual é muito mais profunda do que supomos compreender, em virtude da invasão territorial sofrida por nossas famílias ancestrais na África e no Brasil.

Menos ódio e mais amor com o povo de terreiro, assim como com os irmãos de outras religiões. O mundo é maior do que imaginamos. O Universo é infinito e está em plena expansão!

---

[1] Cf. SOUSA, [202-?].

» 8 «

DIREITOS HUMANOS NO TERREIRO

Violência contra a mulher, racismo, homofobia, transfobia e capacitismo; mudanças climáticas; o Estatuto da Criança e do Adolescente (ECA) e o Estatuto do Idoso

Infelizmente, a inexistência de uma escola iniciática para a formação de sacerdotes faz com que muitos dos nossos infrinjam as leis. Muitos dirigentes sequer sabem do que tratam os direitos humanos, até colocando-se, de forma crítica, contra eles, reproduzindo o jargão de que são direitos de bandido, ainda que esta afirmação não seja verdadeira.

Os direitos humanos nascem a partir de uma orientação política para a construção de uma cultura de paz logo após a Segunda Guerra Mundial, depois de a humanidade testemunhar um genocídio gigantesco provocado por interesses capitalistas que disputavam o mercado. Contendo trinta artigos que estabelecem todos os direitos e deveres que os chefes-políticos e a humanidade devem assegurar, a carta foi promulgada para a defesa de garantias básicas, a fim de que seja possível ao ser humano viver sem violência e sem a violação de direitos.

Em suma, os direitos humanos asseguram condições básicas para combater e prevenir todas as formas de violência. Os direitos humanos nos defendem, principalmente, contra a tortura, o racismo, o trabalho escravo, o tráfico humano, o aprisionamento em massa e a fome; garantem o acesso à moradia e ao saneamento básico; e protegem os direitos da criança, da mulher, do idoso, da pessoa com deficiência, das pessoas LGBTQIAP+, dos povos originários, das populações ribeirinhas, dos quilombolas, das comunidades tribais e o meio ambiente.

Uma instituição religiosa que prega valores civilizatórios de paz, amor, harmonia, ancestralidade e fé deve ser, também, defensora dos direitos humanos. Não faz o menor sentido uma prática religiosa que seja a favor da violência, do ódio, do preconceito e de todas as formas de discriminação. O Caboclo Ventania ensina que "no coração que abriga o preconceito não habita a presença de Deus".

Portanto, não podemos professar práticas religiosas que buscam nos aproximar de Deus e ter valores morais de respeito, e, em contrapartida, sermos pessoas cheias de preconceitos no coração e indiferentes aos grupos sociais que sofrem mais violações de direitos, como se isso fosse um problema alheio a nós.

Como religiosos, devemos ficar atentos a todas as possibilidades de socorro e amparo. Naturalmente, não conseguimos ajudar o mundo inteiro nem devemos alimentar este surto, mas, igualmente, não podemos ser indiferentes às oportunidades de defesa dos direitos dos cidadãos que promovem a cultura de paz no mundo.

Viver em um planeta tão violento, com números altíssimos de tortura e de fome, não propicia uma atmosfera positiva para ninguém.

Logo, se esse é o planeta que escolhemos para habitar, somos corresponsáveis pelas boas ações e vibrações que ele emana.

Os templos religiosos, de maneira geral, desempenham a função de agente social para a população vulnerável que os procura. Não nos referimos apenas à vulnerabilidade financeira, mas, também, psicológica e emocional. Isso ocorre porque muitas pessoas que são vítimas de violência não têm coragem ou estrutura emocional para procurar uma delegacia ou outro órgão competente e denunciar as violações a que foram submetidas. De maneira instintiva e desesperadora, procuram as lideranças religiosas para desabafar e "pedir socorro". No caso dos terreiros de Umbanda, essa incidência é ainda maior, devido ao fenômeno da incorporação. Muitos consulentes sentem-se mais à vontade em se abrir e contar os problemas para uma entidade do que para uma pessoa. Fazem isso porque acreditam que o médium está inconsciente e, portanto, não saberá de nada do que foi confidenciado, porém isso não é verdade, mas falaremos sobre isso mais adiante.

O que precisamos nos ater é sobre o papel do templo e da autoridade religiosa nas respectivas circunstâncias. O ministro religioso não tem a função nem o poder de receber denúncias e encaminhar casos criminais; no entanto, é recorrentemente procurado para prestar socorro nesses casos. Sendo assim, fica a pergunta no ar: o que fazer e como agir nessas situações?

Primeiramente, é importante internalizar a compreensão histórica, filosófica e ética sobre as religiões tradicionais, como já foi dito aqui. Nas comunidades tribais, a iyaninfa, a pajé e o babalaô acumulavam a função de líderes religiosos, juízes, conselheiros e autoridades políticas, sendo responsáveis — já que eram detentores do cargo e do poder — por julgar os conflitos, as brigas e os desentendimentos, e por decidir as relações político-tribais pelas quais a comunidade iria se orientar. Devido a essa memória contida no inconsciente de muitas pessoas, elas procuram a autoridade religiosa para serem amparadas em situações nas quais o auxílio necessita vir de uma liderança com estatura moral acima da sua.

Outro ponto a ser considerado é se a(o) dirigente está de fato preparada(o) para lidar com tais situações. Será que foi ensinada(o) a lidar com isso em sua formação sacerdotal ou bastou o tempo de feitura e saber fazer um pouco mais de trabalhos espirituais e atividades mediúnicas para ser posta(o) para lidar com a humanidade e todas as complexidades inerentes ao instinto humano?

Infelizmente, sabemos a resposta. A maioria sequer pensou sobre esses assuntos quando estava toda(o) animada(o) para desempenhar a função de sacerdotisa(ote) religiosa(o). O que fazer, então, para lidar com o despreparo perante assuntos tão complexos?

O caminho é estudar e se informar sobre direitos humanos, violências e órgãos competentes para a recepção de denúncia. Isso ajudará a autoridade religiosa a evitar dois problemas muito comuns dentro dos terreiros: tratar casos de violência como problemas espirituais e encaminhar de maneira equivocada um caso de violação de direitos, negligenciando um socorro humano que deveria ser oferecido e podendo, com isso, levar a vítima a óbito.

É fundamental estar preparada(o) para lidar com essas situações, pois, não se iludam, elas ocorrerão e, nestes momentos, é indispensável que a autoridade religiosa saiba qual é seu papel de acolhimento, amparo e orientação, não se colocando em um lugar de autoridade policial, porque esse é o papel do Estado, não do templo religioso. Uma atitude equivocada, nesses casos, pode, inclusive, levar a(o) dirigente à prisão, se constatado que agiu como cúmplice, ocultando a denúncia, ou como charlatão, agindo com fanatismo religioso, diante de uma situação que se encontra dentro do escopo policial, e não de intervenção espiritual.

Com isso, não estamos dizendo que as ações espirituais não podem ser evocadas para qualquer tipo de socorro que chegue ao terreiro. Evidentemente, fortalecer espiritualmente uma pessoa que está enfraquecida por circunstâncias de problemas graves que venha passando a ajudará a lidar melhor com a situação, tornando-se menos vulnerável. O que não se pode fazer é tratar o caso como resolvido após uma ação religiosa, porque não é verdade, e a consequência de uma situação como essa pode levar o caso a um desfecho trágico, colocando a direção da casa em situações bem complexas com as justiças espiritual e terrena.

Vamos apresentar aqui, de forma básica e simples, alguns conceitos de violência ligados a temas e a grupos sociais específicos para auxiliar na compreensão da complexidade que cada tema sugere.

8.1 *Racismo*

Inúmeros são os casos de racismo que acontecem diariamente na sociedade brasileira, podendo, inclusive, ocorrer dentro do terreiro. É importante que a(o) dirigente do templo saiba que uma pessoa negra sofre racismo desde o nascimento até o fim da vida. O sistema emocional, psíquico e energético de uma pessoa que está submetida a uma situação de violência emocional há tantos anos estará, consequentemente, abalado e em desequilíbrio.

Dessa forma, é de suma importância que a(o) sacerdotisa(ote) e o corpo mediúnico compreendam que uma pessoa pode procurar ajuda religiosa para o socorro de possíveis transtornos espirituais, mas que, na verdade, são problemas de ordem emocional gerados por sucessivos episódios de racismo aos quais ela foi ou ainda é submetida.

Isso também pode ocorrer dentro de um casamento interracial, no qual uma das famílias não aceita a pessoa negra como membro familiar ou um dos cônjuges usa a cor da pele da(o) parceira(o) para desqualificar sua humanidade.

É comum, por exemplo, que uma criança ou um adolescente passe pelo desconforto racial de ver a professora expressar carinho, por meio de gestos, palavras e toques, às crianças brancas e negar a mesma afeição às crianças negras. Essa criança, certamente, sofrerá um abalo emocional que poderá levar a família a um pedido de socorro espiritual, mas, na verdade, a situação à qual a criança está submetida precisa ser interrompida para que cesse a violência racial. Será necessária a recomendação de acompanhamento psicológico e a denúncia da instituição, a partir de provas, e, possivelmente, o aconselhamento humanizado, que pode culminar com a troca da criança de escola.

Perceba que a situação é bem delicada, portanto, vai requerer muita sensibilidade do dirigente para lidar com ela. Às vezes, a queixa que chega ao terreiro é de perturbação durante o sono da criança, o que pode esconder situações mais complexas, em que somente o socorro espiritual não vai resolver.

Adolescentes em conflito com a lei, usuários de drogas e álcool são, em sua maioria, negros, vítimas da grave situação de racismo em que a sociedade está imersa. Muitos desses jovens tiveram uma infância marcada por fortes conflitos familiares, estando o racismo presente em vários momentos: na escola, no bairro, nos relacionamentos, na busca por emprego e, principalmente, na perspectiva dos sonhos frustrados. Nesses casos, diagnosticar a mediunidade e o fortalecimento espiritual não é suficiente; também é preciso um acompanhamento terapêutico. Ninguém é forte o suficiente com tantos fantasmas emocionais acionando a mente com memórias de dor. O auxílio terapêutico é fundamental.

No socorro às famílias mais pobres, viabilizar uma assistente social na casa para o direcionamento ao serviço público e ter parcerias com terapeutas que atendam a preços populares podem ser de grande valia.

8.2 Presidiários e ex-presidiários

Trata-se de um grupo social extremamente vulnerável, quase sempre levado a situações de cárcere em virtude de uma série de circunstâncias ocasionadas pela desigualdade social e racial. Ao oferecer amparo espiritual a essas pessoas, também é preciso pensar sobre as circunstâncias emocionais e psíquicas a que elas foram submetidas em toda a trajetória de vida.

Ao se tornarem ex-presidiárias, essas pessoas sofrem uma espécie de assassinato político. A possibilidade de conseguir emprego é mínima, a relação familiar é tensa e quase sempre desestruturada. Muitas vezes, esses indivíduos precisam passar um período em algum lugar para acolhimento até estarem mais fortes para buscar novas oportunidades.

O fortalecimento e o acolhimento espiritual vão ajudar muito, mas o apoio de outros recursos terapêuticos será fundamental para socorrer esta população. Acredito que as comunidades de terreiro não podem ser indiferentes a essa população. Além de essas pessoas fazerem parte de nosso povo, devemos ter responsabilidade social e sermos atuantes no combate às desigualdades, da mesma maneira que as outras religiões se engajam nesta luta.

8.3 Mulheres negras

De todas as formas de racismo, o grupo social mais atacado por ele é o de mulheres negras, sem dúvida alguma. Lamentavelmente, todo o processo histórico do racismo colocou as mulheres negras em situação de exploração sexual, submissão doméstica, profissional e materna, ou seja, em um estereótipo construído ao longo de todos esses anos difícil de ser superado. Algumas consequências são o subemprego, a falta de oportunidades e os baixos salários a que as mulheres negras estão submetidas. Outro aspecto é a solidão da mulher negra e o abandono paterno que muitas sofrem ao engravidar, deixando-as em condições sobrecarregadas e desumanas como mães solo.

Por razões mais bem explicadas no livro *Levanta, favela!: vamos descolonizar o Brasil* (2019), existem conceitos históricos que acarretaram tais circunstâncias. No entanto, é imperioso entender que a dor sofrida por essas mulheres não será superada apenas com o fortalecimento espiritual. Em muitos casos, será preciso recomendar terapias, grupos de apoio, leituras e fortalecimento do empoderamento negro feminino para a promoção do debate dentro do terreiro, afinal, Oxum, Iemanjá, Iansã e Nanã são iabás[1] negras. Toda mulher ou pessoa negra que chega ao terreiro deve ser percebida como descendente de nossas pretas-velhas, devendo ser respeitada pela trajetória de luta, resistência, superação e pertencimento ao culto ancestral presente naquela comunidade de terreiro.

8.4 *Violência contra as mulheres*

O Brasil ocupa os primeiros lugares no *ranking* mundial de violência contra a mulher, sendo os crimes mais alarmantes o feminicídio, a violência doméstica, a patrimonial, a emocional, o estupro e a pedofilia. Todos esses campos da violência são naturalizados dentro da cultura brasileira, que está estruturada em uma base patriarcal e cristã, que reforça o lugar da mulher na condição de

---

[1] Em iorubá, o termo "Ìyá Àgbàs" faz referências às anciãs e matriarcas. [NE]

submissão ao homem, podendo este agredir, ferir, magoar, ofender, injuriar e até matar, caso ela não se enquadre ou se comporte como o macho-alfa deseja.

Mulheres que são vítimas de violência costumam ficar desestruturadas psicologicamente, por isso, é necessário dar atenção especial a esses casos.

Por vezes, a mulher procura ajuda espiritual para um problema de violência patriarcal. Desesperada, devido à situação a que está submetida, é comum que atribua uma "influência espiritual negativa" à causa do problema com o companheiro, sendo a razão geradora da alteração do comportamento abusivo dele. Não é incomum que ela acuse alguém de ter feito um feitiço — uma amante, sogra ou ex-namorada — para justificar as agressões emocionais, físicas e psicológicas que sofre do companheiro.

Diante disso, é preciso muito cuidado, pois a intervenção tem de ser feita de maneira bem habilidosa. Primeiramente, é preciso averiguar se não se trata de um caso de perigo iminente à vida da mulher ou de alguém da família. Nesses casos, a denúncia nem sempre deve ser a ação imediata a ser tomada, pois, se feita de forma inconsequente, pode colocar a mulher e, possivelmente, os filhos em um perigo ainda maior. Em um segundo momento, é necessária a construção de uma rede de apoio entre família e órgãos de amparo à mulher para vencer tais conflitos.

Não adianta aconselhar a mulher a se separar se ela não tiver condições econômicas e patrimoniais de sobreviver, principalmente se houver crianças envolvidas; a menos que quem esteja aconselhando se responsabilize por oferecer abrigo pelo tempo necessário ou por pagar pela moradia dela e dos filhos. Não se pode propor uma solução sem pensar sobre como a pessoa vai sobreviver enquanto estiver em uma situação de conflito emocional.

Direitos Humanos no terreiro

Essa recomendação não se aplica aos casos em que se perceba o perigo iminente de risco de vida, em que uma intervenção emergencial deve ser feita, mas sempre com apoio policial, para que o terreiro não seja acusado, futuramente, de ter agido de forma incorreta e se torne alvo do algoz da vítima, que raramente é preso, porque, infelizmente, a maioria das vítimas retira a denúncia depois de um tempo.

Situações em que a vítima não denuncia também são comuns. As especialistas em políticas de segurança para a mulher afirmam que a maioria das mulheres, adolescentes e meninas que foram estupradas, abusadas e agredidas sequer falaram para a própria mãe, pai ou responsável, que dirá fazer uma denúncia aos órgãos competentes.[2]

Nesse contexto, existem dois tipos de comportamento possíveis quando a vítima chega ao terreiro em busca de ajuda espiritual. Muitas vezes, ela não relata o caso que a pôs naquela situação de perturbação emocional/espiritual, o que vai requerer um bom desenvolvimento do médium, em caso de consulta com a entidade, para que perceba o contexto real da queixa "espiritual", a fim de não cair em misticismo, e aponte uma solução para um problema que não foi diagnosticado da maneira correta, maculando, assim, a credibilidade do médium e da casa.

Outro possível comportamento é a vítima escolher a entidade ou a(o) dirigente como única(o) confidente do caso de violência, situação que exigirá da casa mais atenção, pois ela se torna receptora da denúncia de um possível crime, do qual ninguém mais tem conhecimento, nem mesmo a própria família da vítima.

Em casos como esse, quanto mais conhecimento houver por parte da(o) dirigente sobre o assunto, mais preparada(o) se sentirá para lidar com a situação. Novamente, reforçamos a importância de uma assistente social na casa para ajuda em circunstâncias dessa natureza.

---

2 Cf. ZAREMBA, 2019.

O bom desenvolvimento e o preparo ético do médium será fundamental, porque trata-se de um assunto de extrema confiabilidade por parte do consulente, não estando o médium autorizado a falar para outras pessoas, o que também poderá trazer à casa e à(ao) dirigente uma situação de profundo desgaste e até de risco de vida — caso o assunto chegue ao ouvido do abusador e este decida se vingar de quem tornou público um crime que estava sendo mantido em segredo por ele e pela vítima.

Outro cuidado é em relação ao que se dizer à vítima-consulente. Evite acusá-la de estar negativa, com obsessor, ou dizer que ela foi vítima de feitiço. Essas sentenças podem provocar um verdadeiro nó na cabeça da pessoa, pois ela pode entender que a situação de abuso à qual foi submetida está associada a um motivo espiritual, quando, na verdade, ela vem sendo vítima de violência patriarcal. O machismo, a misoginia e o patriarcado são comportamentos sociais que não escolhem a vítima e não podem ser mascarados pelas questões espirituais, assim como o racismo.

O templo religioso deve estar bem atento e se colocar em postura combativa à violência de gênero, não apenas com a distribuição de cartazes, mas também realizando palestras, leituras, rodas de debate sobre o assunto e, principalmente, combatendo a postura dentro do terreiro.

O que será que nossas iabás, pretas-velhas, caboclas e pombagiras pensam a respeito dos homens de terreiros — ogãs, dirigentes, cambonos e médiuns — que se comportam como seres religiosos dentro do terreiro, mas destroem a saúde emocional das mulheres dentro de casa, na rua e no ambiente de trabalho? Como será que nossas deusas-mães recebem as orações, as oferendas e o culto desses homens violentadores de mulheres, reportando-se ao sagrado feminino?

No caso específico de dirigentes e ogãs, o enfrentamento dessas questões é extremamente delicado, porque eles estão reves-

Direitos Humanos no terreiro

tidos de um poder e uma autoridade masculina que os blindam, quase que os imunizando, da cobrança pela forma desrespeitosa com que tratam as mulheres. A maioria dos terreiros não promove o debate e não se sente preparada para falar sobre o tema do machismo dentro da religião, preferindo silenciar sobre tais assuntos e manter em sigilo os casos de violência quando são expostos fora do ambiente familiar.

Outro assunto importante a ser estudado e debatido no terreiro é sobre a violência emocional e a personalidade narcopata.[3] Esse tipo de violência é proferido quase sempre contra mulheres por personalidades narcopatas e representa uma forma peculiar e quase silenciosa de violência, em que o algoz quase sempre é um homem muito educado, gentil e bem-visto por todos em virtude da construção de um personagem. Ele transmite a imagem de um homem perfeito para a família, no ambiente de trabalho e no religioso. Quando, eventualmente, vaza uma denúncia sobre o comportamento violento desse indivíduo, as pessoas não acreditam e quase sempre culpam a mulher, acusando-a de ter um comportamento histérico, perturbado, ciumento ou louco, de que está perseguindo o homem, não permitindo que ele siga a vida em paz. Para essas pessoas, supostamente, ela não aceita ficar sem ele e, por isso, inventa toda a mentira.

Os estudos e as denúncias sobre esse tipo de personalidade pelos estudiosos da psiquiatria e da psicologia têm ajudado a desven-

---

3 Conforme descrito em *Salve o matriarcado: manual da mulher búfala*, "De uma maneira simplista e resumida, a personalidade do narcopata possui uma mistura bombástica, gerando uma pessoa extremamente mentirosa, egoísta, narcisista e sociopata. São indivíduos frios, muito orgulhosos, arrogantes — sempre se acham melhores que os outros —, sem empatia, manipuladores, dissimulados, viciados em trocas de parceiros e em triangulação — relacionamento a três, sem que uma ou duas das partes saiba." (PINTO, 2021, p. 68-69)

dar inúmeros traumas sofridos por mulheres que foram silenciadas em suas dores emocionais por terem sido violentadas psicológica e sexualmente por anos. Essas violências podem até não deixar feridas físicas, mas criam profundos hematomas emocionais. Não são poucas as mulheres que chegam aos terreiros se queixando de transtornos emocionais e espirituais, porém, na verdade, estão sendo vítimas de relacionamentos abusivos e/ou violentos.

Quando as vítimas e seus algozes são filhos da casa, integram o corpo mediúnico e passam anos em nossa convivência, sem que percebamos isso, seria correto o silenciamento da direção do templo?

Na realidade, não podemos nem temos o poder de impedir que essas pessoas se tornem filhas e filhos da casa. Em alguma medida, a frequência em um ambiente salutar pode conferir valores morais para realizar pequenas ou grandes mudanças, tanto no aspecto pernicioso da personalidade, quanto estimulando a coragem para interromper e denunciar relacionamentos abusivos.

Todavia, não se pode alimentar o fanatismo e acreditar que a religião resolve tudo, porque isto não é verdade. Identificar vítima e algoz dentro da comunidade religiosa é importante para usarmos nossa autoridade espiritual e direcioná-los à ajuda terapêutica, psiquiátrica e até mesmo policial, se necessário.

Não são poucos os casos que chegam em forma de depressão, apatia, desânimo, tristeza, ansiedade, insônia e fraqueza mental, e que envolvem esses tipos de relacionamentos. Também é importante destacar que esses casos, quase sempre, geram impactos sobre os filhos da família, que podem chegar até o terreiro, como crianças, adolescentes e adultos, em busca de ajuda espiritual, mas tendo como base um grande conflito familiar que alimenta o distúrbio emocional e gera, inevitavelmente, impacto espiritual.

Direitos Humanos no terreiro

8.5 LGBTQIAP+ e transfobia

Essa violência é manifestada pelo ódio gratuito proferido contra estas pessoas que, desde criança, demonstram orientação de gênero ou afetiva diferente da que a família, inserida em uma sociedade patriarcal, espera.

Inúmeros são os casos de abuso psicológico, físico e sexual sofridos por estes indivíduos desde a infância, muitas vezes até mesmo dentro de casa, na escola e na vizinhança, e que os levam a serem submetidos ao silenciamento, como se fossem obrigados a sofrer tortura por serem pessoas homoafetivas.

Ao se tornarem adolescentes e adultos, o preconceito não cessa, obrigando-os, muitas vezes, a mudar de escola. Da mesma forma, eles nunca são selecionados para oportunidades de emprego em virtude das orientações afetivas.

Pessoas submetidas a preconceito desde a infância tornam-se adultos com transtornos emocionais que sempre trazem impactos sobre as questões espirituais.

Muitos adolescentes homoafetivos são levados à tentativa de suicídio, ao vício em álcool e em drogas, à prostituição, à depressão, entre outros transtornos, em decorrência da falta de aceitação, apoio e acolhimento familiar e social.

Na maioria das vezes, esse é o perfil dos adolescentes e adultos homoafetivos que chegam até os terreiros em busca de socorro espiritual, ou seja, seres humanos como todos os outros, porém adoecidos pela doença do preconceito.

Algumas reflexões ficam para as(os) dirigentes do terreiro e todo corpo mediúnico: como dirigentes, podemos dizer que não aceitamos uma pessoa em nossa casa por esse motivo? Como lidamos com essas pessoas em nossa família? Oferecemos acolhimento a elas ou as desprezamos e discriminamos de forma velada? O que a(o) dirigente tem feito para compreender melhor esse assunto de forma a estar mais bem-preparada(o) para acolher e orientar as pessoas e suas respectivas famílias quando procuram socorro espiritual para essa questão?

O principal ponto é o acolhimento e a orientação por meio do amor. Muitas dessas pessoas se sentirão amadas pela primeira vez na comunidade de terreiro.

No caso das pessoas transexuais, é importante o respeito, o acolhimento e o amor. Para a iniciação, é primordial a consulta ao orixá ou à entidade (ancestral) para saber se estes reconhecem aquela pessoa com um gênero diferente do biológico. Espiritualmente, elas devem ser feitas de maneira muito bem orientada e respeitosa, humanamente, buscando sempre aconselhamento e ajuda para tratar tais questões.

Visando a oferecer um conhecimento básico sobre as diferentes formas de homoafetividade, abordaremos alguns pontos básicos a serem compreendidos:

- **Orientação homoafetiva**: sentem atração por pessoas do mesmo sexo. Hoje, considera-se que não se trata de "opção sexual", visto que as pessoas não escolhem sentir interesse por pessoas do mesmo sexo, e sim uma orientação, pois é algo interno e íntimo de cada um.
- **Gênero**: construção social atribuída, a princípio, ao sexo biológico identificado no nascimento.
- **Homoafetividade**: relação de afeto e amor entre pessoas do mesmo sexo. Este termo é utilizado para que a sociedade compreenda que as relações homo não têm apenas cunho sexual, como dá a entender o termo "homossexual".
- **Bissexualidade**: corresponde às pessoas que se relacionam afetiva e sexualmente com pessoas dos gêneros masculino e feminino.

Direitos Humanos no terreiro

- Transexualidade: mudança de gênero para um diferente do atribuído no nascimento.
- Transgênero: pessoas que não se identificam com o gênero/sexo biológico constatado no nascimento e que fazem a transição para o gênero/sexo com o qual se identificam.
- Gay: termo geralmente utilizado para definir homens que se sentem atraídos por outros homens. Ele pode ou não já ter tido alguma relação afetiva ou sexual.
- Caminhão: termo utilizado para definir mulheres que se relacionam com outras mulheres e que possuem características ditas masculinas, socialmente, ou seja, performam uma masculinidade, mas se identificam como mulheres, por exemplo, com a utilização de roupas "masculinas", adotando uma forma de andar, de falar etc.

8.6 Pessoas com deficiência

São pessoas que possuem limitações de natureza física, intelectual, sensorial ou mental. Este é outro tema pouco pensado e debatido dentro dos terreiros. Para além de todas as explicações espirituais que existem dentro das religiões, a fim de ajudar a compreender melhor os motivos, o itan de Obatalá explica como todas as pessoas com deficiência são suas protegidas.

> os outros orixás começaram a sentir inveja, pois Obatalá estava se tornando o favorito de Olodumarê. Como resultado disso, um deus, supostamente Exu, o "malandro", deixou uma garrafa cheia de vinho de palma perto de onde Obatalá estava moldando os primeiros humanos com argila.

> Pouco depois, Obatalá encontrou a garrafa e começou a beber. Absorvido com sua tarefa, ele não percebeu o quanto estava bebendo e acabou ficando muito bêbado. O deus então se sentiu muito cansado, mas não parou de trabalhar até que seu trabalho estivesse feito. Mas, por causa de seu estado, Obatalá inadvertidamente introduziu imperfeições nos moldes dos primeiros humanos.
>
> Para o povo iorubá, esta é a razão pela qual os seres humanos são falíveis. Esta é também a razão pela qual alguns humanos nascem com deficiências físicas ou mentais. (OBATALÁ..., 2022)

Precisamos exercitar o respeito a estas pessoas dentro de nossa comunidade e começar a pensar e a planejar um terreiro com acessibilidade, permitindo que elas consigam transitar com segurança e tranquilidade por ele. A falta de mobilidade dentro dos templos faz com que muitas dessas pessoas não continuem frequentando a religiosidade afro-indígena-brasileira.

A pessoa com deficiência já enfrenta inúmeros desafios no que tange às pouquíssimas políticas públicas que contemplam essa população, o que traz transtornos para seu deslocamento por inúmeros pontos da cidade: escolas, universidades, centros comerciais, culturais, esportivos, mercados e até a própria moradia. Diante disso, não é justo que no ambiente religioso elas também se deparem com mais esse desafio.

Sabemos que a tarefa não é simples, pois muitos terreiros são construídos sem um projeto arquitetônico, como foi o caso da *Casa do Perdão* em seu nascimento. Porém, pode-se pensar em obras de adequação possíveis dentro do espaço físico que já possui, como um banheiro adequado para pessoas com deficiência e, aos poucos, ir adaptando outros espaços para que elas consigam praticar a fé.

8.7 Crianças e adolescentes

Quando fui coordenadora de políticas de liberdade religiosa da Secretaria de Assistência Social e Direitos Humanos da Prefeitura do Rio de Janeiro, perdi a conta das vezes que, em conjunto com o Conselho Tutelar, tivemos de apurar denúncias de infrações da lei que protege as crianças e adolescentes dentro de terreiros.

É curioso o despreparo de alguns sacerdotes. Consideram-se bem-preparados para liderar um terreiro aberto ao público, mas desconhecem o básico sobre as leis que incidem em suas práticas religiosas, como o Estatuto da Criança e do Adolescente (ECA).

O código de proteção às nossas crianças é fruto de uma conquista oriunda de longas batalhas travadas pelos movimentos de direitos humanos, dos quais faço parte, em nosso país, devendo ser respeitado por todas as instituições públicas, privadas e religiosas que lidem com crianças em seus espaços físicos.

Vergonhosamente, estamos em um país que ocupa o 2º lugar em casos de abuso sexual infantil (pedofilia e prostituição) no mundo; registramos 1,768 milhão de casos de trabalho infantil; além de sermos líderes, na América Latina, em casos de abusos e violência doméstica infantil.

No caso da pedofilia, o local de maior incidência é a moradia da criança, e o agressor é, na maioria das vezes, um familiar ou uma pessoa conhecida. Lamentavelmente, também ocorrem casos com certa regularidade dentro de instituições religiosas. Exatamente por isso, todo cuidado deve ser tomado quando temos crianças em nossos templos para evitarmos problemas com a lei, por mais que, muitas vezes, estejamos apenas querendo atender a um pedido de socorro que nos foi feito pela própria família.

A primeira recomendação da Escola de Umbanda Preta e Indígena para o tratamento com a criança e o adolescente é o estudo do ECA. Sem a leitura desse documento, fica quase impossível praticar a lei.

A segunda recomendação diz respeito ao não recolhimento de crianças e adolescentes sem a autorização dos pais. É mais fácil quando ambos frequentam o terreiro, porém, se os pais forem separados e ambos sejam detentores da guarda da criança, mesmo que uma parte seja ausente, ambos devem autorizar a iniciação dela, a fim de evitar uma possível denúncia contra a(o) dirigente religiosa(o) e o responsável pela(o) menor no conselho tutelar.

Ademais, se o adolescente saiu ou foi expulso de casa, quase sempre por motivos de espancamento e homofobia, o terreiro não tem autorização legal para abrigar o menor, podendo ser alvo de denúncia junto ao Conselho Tutelar.

Ainda, é estritamente proibido o uso de cigarros e quaisquer outros fumos e bebidas alcoólicas por menores, mesmo que em transe mediúnico, sob penalização criminal junto à Vara da Infância e do Adolescente. Também não é permitido que menores segurem fumos e bebidas alcoólicas, mesmo que para auxiliar a entidade em momento de cambonagem, ainda que estes tenham cargo de cambono, equede, ogã ou qualquer outra função de destaque e importância.

É importante evitar expor imagens de crianças incorporadas. Somente publique imagens de menores de 18 anos com a autorização dos responsáveis.

E, por último, tenha máxima atenção com crianças no atendimento com as entidades. É muito comum que a criança tenha coragem de contar à entidade que é vítima de violência ou abuso. Nesse sentido, torna-se imprescindível um olhar humanizado da(o) médium em relação a esse tipo de situação para identificar, acolher e orientar da maneira correta, sem a exposição da criança e sem negligência diante da gravidade dos fatos.

Direitos Humanos no terreiro

8.8 Idosos

Para esse grupo social, a Escola de Umbanda Preta e Indígena também orienta o estudo do Estatuto do Idoso, a fim de evitar problemas com a lei, principalmente nos casos em que o idoso receba valores altos de pensão ou aposentadoria, mantenha a frequência no terreiro sem anuência da família e decida querer ajudar o templo por meio de doações pecuniárias, ou até mesmo solicite moradia no templo, alegando maus-tratos da família, o que, infelizmente, muitas vezes, ocorre de fato.

Sem a leitura desse documento, fica quase impossível praticar a lei. A(O) ministra(o) religiosa(o) e o templo podem ser acusados de exploração do idoso ou de mantê-lo em cárcere privado caso a família ofereça denúncia junto ao Conselho do Idoso. Novamente, a presença de um(a) assistente social na casa ajudará muito a dirimir tais situações.

Acompanhei alguns casos de denúncia desse tipo e, mesmo nos casos em que o dirigente só queria ajudar, foi penalizado por não estar resguardado pela lei.

8.9 Mudanças climáticas e meio ambiente

Sem folha e sem água não existe orixá. Derivamos de povos que se relacionam com a natureza de maneira integral. Reconhecendo seu poder mítico, servimo-nos dela para nos alimentar, curar e sobreviver. Logo, não podemos destrui-la. Temos, inclusive, o dever de protegê-la e de preservá-la.

Isso significa dizer que, além de tomarmos postos como defensores da Terra, devemos ter o máximo de cuidado com o desperdício, somente tirando dela o que for realmente preciso, zelando pelo material e evitando elementos poluentes e não degradáveis que possamos deixar na natureza ao realizarmos nossas oferendas e ritos religiosos dentro e fora do terreiro.

Precisamos entender que incomodamos a natureza ao retirarmos dela os elementos necessários para nossos ritos, como flores, ervas, águas, pedras, frutos, entre outros. A energia que foi desintegrada ao ser retirada tem de ser destinada a uma finalidade positiva e, após o uso, ao ser descartada, cumprir o percurso de retorno saudável ao ambiente natural para que possa ser devolvida à massa criadora de outra forma, reintegrando o processo de criação, que cumpre a finalidade de dar vida ao planeta. Por isso, devemos ter o máximo de cuidado e respeito ao extrairmos os elementos para enfeitar os terreiros e realizar os ritos internos e externos.

Todo terreiro deve ter um ecossistema dentro dele, ainda que ele esteja localizado em ambiente urbano. A presença da natureza viva durante as atividades ritualísticas abertas e fechadas dentro do terreiro é fundamental.

A Escola de Umbanda Preta e Indígena recomenda os devidos cuidados ao utilizarmos a natureza como ambiente de nossos trabalhos. Para tanto, devemos compreender conceitos e dados pertinentes às questões ambientais.

- **Lixo degradável:** De acordo com a Associação Internacional de Resíduos Sólidos (ISWA), organização que reúne profissionais especialistas na área, até 2050 serão gerados 3,4 bilhões de toneladas de lixo por ano.[4]
- **Degradável × biodegradável:** Os materiais degradáveis, durante o processo de degradação, precisam da adição de agentes químicos para que suas moléculas sejam quebradas mais

---

4 Cf. PUENTE, 2022.

facilmente. Contudo, esses resíduos se transformam nos microplásticos, que contaminam nossos mares e e prejudicam a vida marinha! Já os biodegradáveis têm as moléculas quebradas por intermédio de micro-organismos.[5]

- Cadeia alimentar: Chamamos de cadeia alimentar (ou trófica) à sequência linear unidirecional de transferência de matéria e energia em um ecossistema, ou seja, um organismo serve de alimento para outros, iniciando em um produtor e finalizando em um decompositor.[6]
- Nicho ecológico: Essa expressão se refere ao modo de vida de determinado ser, "suas relações ecológicas, seu modo de reprodução, do que ele se alimenta, quem são seus predadores naturais, entre outras características". Portanto, é o papel ecológico que um ser vivo exerce na comunidade em que vive.[7]
- Fauna e flora: O termo "fauna" representa todos os animais de uma determinada região; já o termo "flora" faz referência a todas as plantas de uma determinada região.[8]
- Bioma: Segundo o IBGE, trata-se de "um conjunto de vida vegetal e animal, constituído pelo agrupamento de tipos de vegetação contíguos e que podem ser identificados a nível regional, com condições de geologia e clima semelhantes e que, historicamente, sofreram os mesmos processos de formação da paisagem, resultando em uma diversidade de flora e fauna própria".[9]

Outro ponto importante é saber o tempo de decomposição de alguns materiais e seu consequente impacto na poluição ambiental:

5   Cf. PACHECO, 2020.
6   Cf. SANTOS, [202-?d].
7   Cf. SANTOS, [202-?b].
8   Cf. SANTOS, [202-?a].
9   Cf. SANTOS, [202-?c].

- Fio de *nylon*: até 30 anos para ser completamente descomposto;
- Tecidos sintéticos: cerca de 300 anos;
- Plásticos: até 450 anos para serem completamente absorvidos;
- Vidros: no mínimo, 4 mil anos.

A partir dessas informações, orientamos ter como prática, nas ritualísticas, as seguintes recomendações básicas para a defesa da natureza:

1. Evite, terminantemente, o uso de vidros e materiais cortantes, como garrafas, espelhos, alguidares, vasilhas de louças, copo e taças, em qualquer local que não permita sua reutilização. Ou seja, só utilize dentro do terreiro. Esses materiais, além de provocar a morte de animais presentes naquele ambiente ecológico, compromete e aumenta a poluição ambiental, além de provocar acidentes nos profissionais de limpeza das prefeituras, o que pode acirrar ainda mais o preconceito religioso.
2. Substitua alguidares por folhas, por exemplo: comigo-ninguém-pode, folha de mamona, mangueira, jaqueira, jiboia, entre outras que compõem a flora brasileira.
3. Substitua copos e taças por recipientes de barro, papel, biodegradáveis ou derrame a água ou outros líquidos diretamente na terra ou no ambiente onde for deixada a oferenda.
4. Evite descartar tecidos, imagens e outros utensílios na natureza. O tempo de decomposição afeta ainda mais a poluição e compromete a cadeia alimentar da fauna local, além de sujar o bioma.
5. Evite deixar oferendas em ruas e locais de grande circulação, colocando-as apenas se realmente for necessário. Não se trata de esconder nossa prática religiosa, mas de evitar que as oferendas deixadas nesses espaços sejam vistas como lixo. Isso ocorre frequentemente após o período de decomposição, principalmen-

te porque nós não voltamos para retirá-las. Esse trabalho fica a cargo de agentes públicos de limpeza, que, nem sempre, são da nossa religião e que não têm obrigação de manipular essas energias. Exatamente por serem retiradas por pessoas que não são da religião, as oferendas não serão descartadas da maneira correta (o que pode, inclusive, comprometer o objetivo a que ela se destina). Esses cuidados também nos ajudam a evitar estresses desnecessários com a opinião pública em geral, acirrando ainda mais a intolerância religiosa contra nós. Então, menos hipocrisia e mais higiene urbana. Lembre-se de que muitas oferendas podem ser feitas dentro do templo religioso; ou, se depositadas em ambiente externo e público, devemos ter a consciência de voltar para retirá-las e encaminhar a um lugar da natureza que possibilite a sua correta decomposição energética.

6. Evite fazer limpeza, descarrego e ebós em pessoas em locais com grande circulação. Além de não ser apropriado para o ritual, que requer concentração e integração com as forças da natureza presentes, evita problemas desnecessários e o aumento da intolerância religiosa por parte dos transeuntes. Não é que devemos nos esconder, mas podemos evitar conflitos e ataques de racismo religioso gratuitos.

7. Deposite as oferendas que foram levadas ou usadas em limpezas na própria natureza, como água corrente, matas fechadas, que não sejam na beira da rua, ou enterre na própria terra, pois, dessa forma, o incômodo causado à natureza não provocará uma energia negativa, uma vez que os elementos dela retirados serem devolvidos de maneira correta para reintegração natural após o descarte.

» 9 «

O CORPO NAS CULTURAS ANCESTRAIS E NO TERREIRO

Limites do corpo: tatuagem, mudança de sexo, eutanásia, rituais fúnebres, transplante de órgãos, cargos, gêneros, aborto, sexo etc.

Na disciplina Antropologia do Corpo, podemos discutir, pensar e debater o corpo como parte da fenomenologia da cultura ou como agente passivo dos processos sociais e históricos em curso. O estudo é muito amplo e nos traz vários elementos para pensar a corporalidade dentro das religiões, porém, como todas as ciências que somos obrigados a estudar durante nossa formação acadêmica, possui uma base absolutamente eurocêntrica, não levando em consideração o que pensadoras(es) e filósofas(os) africanistas, indigenistas e outros estudiosos desenvolveram e desenvolvem como estudo e reflexão sobre esse tema tão importante. Torna-se fundamental nos debruçarmos sobre estudos de civilizações não europeias para que possamos ter acesso ao conhecimento sobre formas de organizações sociais, culturais e filosóficas e suas perspectivas sobre o corpo, que foram silenciadas durante todo o processo de invasão "colonizadora" (silenciadora) dos povos do Hemisfério Sul.

Precisamos lembrar que o ser humano é um animal como todos os outros, com algumas diferenças básicas e necessárias que podem ser mais bem compreendidas a partir do estudo do corpo. Os animais nascem com seus instintos de sobrevivência apurados, praticamente não dependem dos pais para se alimentar, andar e sobreviver após a amamentação; o ser humano, porém, é profundamente dependente dos genitores ou responsáveis para aprender a se manter vivo neste planeta, mesmo após o desmame.

Diferentemente dos outros animais, o ser humano não sobreviverá se for abandonado em tenra idade. Os outros animais conseguem sobreviver guiados pelo instinto, que lhes fará encontrar comida, abrigo e, o mais importante, sensibilidade para se livrar dos perigos que colocam a vida em risco. Já o animal humano pode passar uma vida inteira sem desenvolver habilidades sensitivas e extrassensoriais necessárias para ampliar o instinto que lhe possibilitaria defender a própria vida e livrar-se dos perigos visíveis e invisíveis do ambiente em que habita.

Outro aspecto importante de ser observado é que os animais, chamados de "bichos", sabiamente se mantêm em contato permanente com todo o ambiente natural que os cerca — como sol, céu, água, terra, verde, mata, floresta, fauna e flora — e constante exercício físico, mantendo-se, desta forma, nutridos pelas forças da natureza diariamente. Já o animal humano, facilmente renuncia ao convívio com a natureza, devido à preguiça e à ociosidade, o que lhe acarreta, consequentemente, uma desnutrição energética de caráter contínuo.

Existem pessoas que dizem, por exemplo, que não gostam de água. Já imaginou um bicho dizendo que não gosta de água? Ou dizendo que não gosta de sol, céu, terra, verde, mata, floresta, atividade física, mar, cachoeira? Já imaginou um bicho dizendo que não gosta dos campos da natureza e de exercitar o próprio corpo? O animal humano, contudo, consegue esta façanha.

Para entender melhor o que chamamos de ambiente natural, é importante conhecer as duas principais correntes de cientistas que atuam nesse campo.

Uma é composta por cientistas e ativistas, os ambientalistas "preservacionistas", que compreendem o planeta organizado como "meio ambiente", ou seja, um planeta partido entre seres humanos e natureza. De um lado, ficariam os campos naturais, que devem ser mantidos preservados ou, preferencialmente, intocados, sem a intervenção humana; e, do outro, a cidade urbana como espaço reservado ao ser humano para habitar e permanecer, mantendo-se o máximo possível sem contato com a natureza, a fim de não a destruir. Para tanto, são criadas áreas de proteção ambiental demarcadas, a fim de que o ser humano não tenha contato com elas.

A grande questão da corrente preservacionista é que, comumente, principalmente quando assumem o poder político, entram em conflito com povos tradicionais indigenistas, ribeirinhos e quilombolas, alegando que nenhum ser humano deve estar em área de proteção ambiental, desconsiderando que estes povos habitam os territórios há centenas ou milhares de anos.

No campo político, é comum que os ecocapitalistas se aproveitem desse discurso para incentivar o agronegócio, investindo em novas áreas de preservação ambiental em troca da exploração das terras dos povos originários. Defendem o conceito da Economia Verde, que, na realidade, só aumenta o desmatamento, a contaminação por agrotóxicos na alimentação do povo brasileiro e o consequente adoecimento da população, além da expropriação dos territórios dos povos nativos indígenas e afrodescendentes, que lutam até os tempos atuais pelo direito de habitar suas terras ancestrais.

A outra corrente de pensamento, a "conservacionista", trata a Mãe Natureza de uma maneira bem menos rígida, liberando a exploração dos recursos, desde que seja com inteligência, assim como o manejo correto do meio ambiente pelo homem. Entende que o ser humano deve viver integrado aos campos naturais, o que pode incluir algumas áreas de proteção ambiental, inclusive em relação ao pertencimento nos espaços que habitam como povos tradicionais que são, respeitando as práticas dos ritos religiosos de tradições que necessitam da presença da natureza, como é caso dos povos tribais indígenas e africanos e das comunidades de terreiro em seus ritos de cura.

Ser humano, floresta, água e animais fazem parte de um mesmo sistema, sendo impossível separá-los. Consideramos que é preciso aprender com os povos tradicionais, uma vez que as regiões do planeta que apresentam mais áreas de preservação são, justamente, os territórios onde comunidades tribais habitam há milhares de anos. É necessário entender, como proposta para a defesa do clima, que sociedade e floresta devem desenvolver a capacidade de conviver integradamente, respeitando a natureza, os animais e os limites de uso para a preservação.

A diferença básica entre uma corrente e outra é que uma compreende que o animal racional pode se manter em contato, com integração e convívio, atuando na preservação do ambiente como um todo; já o outro grupo, reivindica, praticamente, a desconexão entre natureza e seres humanos.

Quais serão os instintos de preservação da vida que fazem com que os animais não renunciem ao convívio com a natureza? Qual será a inteligência humana que faz com que o animal homem/mulher decida, de forma quase autodestrutiva, se manter distante dos benefícios naturais, além de desenvolver práticas que destroem ainda mais a natureza?

Outro aspecto importante é pensar como os recursos corporais são profundamente utilizados nos bichos. Absolutamente tudo o que aprendem vêm das sensações cognitivas corporais; já os humanos, após a infância, esquecem do quanto o corpo auxilia nos processos de percepção, comunicação, interação interpessoal, sociabilidade e comunicação com o Sagrado.

A diferença entre os povos modernos e tradicionais é que nas sociedades tribais os atos de comer, dançar, cantar, tocar, rezar, banhar-se, purificar-se, conviver na natureza e viver em comunidade tinham a função de estimular e desenvolver habilidades de aprendizado, conhecimento e inteligência emocional.

Na atualidade, essas atividades passaram a ter uma função quase mecânica, sem realizarmos a interação que ela pode nos proporcionar. O prazer, a dor, o parto, a tristeza, a alegria, a transcendência da fé, a raiva, a fome, o sono, o paladar, o som, a música, o toque, o transe... enfim, todas as emoções corporais tinham a devida importância no desenvolvimento de habilidades psíquicas, emocionais e espirituais do ser.

As religiões modernas, especialmente a católica, seguida da protestante, inauguraram uma demonização do corpo. Caluniam as habilidades geradoras da sensação de prazer, defendendo que as mulheres deveriam ser castradas, escondidas e perseguidas. Exatamente por isso, a Inquisição perseguiu principalmente as mulheres sensitivas, rotuladas de "bruxas". A Igreja tinha profundo interesse em que esquecêssemos as diferentes formas individuais de conhecimento e, por isso, proibiram o acesso às atividades de

O corpo nas culturas ancestrais e no terreiro

livre expressão corporal, como a dança, a música, a alfabetização, a leitura, as festas religiosas tribais, os partos naturais e, principalmente, o sexo, o prazer e o orgasmo, travando intensa perseguição aos corpos das mulheres.

É impossível avaliar o atraso no sistema cognitivo humano gerado pela Igreja Católica. Até os dias atuais, o corpo é um tabu para muitas pessoas e outras sequer conseguem demonstrar afeto por si mesmas com autocuidados simples, como contemplar a natureza, ir regularmente ao médico, dançar, passear, realizar uma meditação, fazer uma massagem, ir ao salão de estética e beleza e se proporcionar autoprazer afetivo e sexual.

No caso das religiões afro-brasileiras, o corpo se manteve em profundo uso sagrado. Ele é habitado por nossas divindades ancestrais, por nosso ori e por nossos orixás. Ele é usado quando ritualizamos o Sagrado, quando tocamos atabaques, cantamos, dançamos, incorporamos e cambonamos nossos ancestrais na terra (Aiyê), e durante o transe, além de todo o poder hipnótico transcendente que a chegada de nossas divindades, ancestrais e orixás, traz quando se manifestam entre nós.

Nesse sentido, precisamos ressignificar nossa relação com nosso corpo, tratando-o melhor e entendendo os impactos energéticos positivos e negativos daquilo que fazemos com ele.

Para auxiliar, a Escola de Umbanda Preta e Indígena traz alguns pontos importantes sobre o corpo que são dúvidas comuns de pessoas que chegam à religião. Deixamos nítido, não se trata de uma lei de Umbanda, apenas um mergulho raso em múltiplas culturas africanas e indígenas para entender melhor o que esses povos pensam dessas práticas, por mais que haja diferença entre uma tribo e outra, mas, de maneira geral, a maioria das etnias tinha e mantém compreensões parecidas sobre os respectivos assuntos.

9.1 De quem é o corpo?

Como religiões reencarnacionistas, entendemos que existe o espírito e o renascimento e, para tal, é necessário um corpo para renascer neste planeta. Nossos pais biológicos não têm o poder de interferir na formação do corpo, tampouco de impedir a doença, a morte e a decomposição do corpo dos filhos que geraram. Isso significa que o corpo foi feito por uma matéria extraída da natureza terrena, assim como todos os outros animais.

Dessa forma, podemos entender que o corpo pertence à Mãe Terra e, enquanto estamos fazendo uso dele em uma existência, não temos autonomia total sobre ele, porque teremos de devolvê-lo à terra. Temos uma limitação sobre as decisões que tomamos, entendendo que retornaremos ao ciclo reencarnatório e, neste caso, se não tivermos cuidado direito do corpo que nos foi cedido pela natureza planetária, corremos o risco de receber um corpo danificado em outro renascimento devido à Justiça Divina ou à lei de causa e efeito, como queiram chamar.

9.2 Tatuagem

Em muitas tribos africanas, as escarificações são marcas tribais usadas até os dias atuais. Elas têm a função de identificar uma pessoa pertencente a uma tribo, evitando que ela seja atacada em momentos de guerra; de honrar a marca da sua linhagem ancestral no corpo; e têm a finalidade de proteção espiritual. No Candomblé, as curas são exemplos de escarificações. As tatuagens tinham as mesmas funções em tribos africanas e indígenas, ou seja, marcar pertencimento étnico, proteção espiritual e conectar o indivíduo com determinadas forças da natureza às quais seu espírito esteja ligado (animais, árvores, plantas, símbolos das divindades ou um ancestral). As tatuagens, em algumas tribos, principalmente indígenas, não são permanentes, são tintas que saem depois de um tempo, podendo variar o desenho geométrico de acordo com os rituais a serem realizados.

Logo, sendo uma prática antiga dos povos-matrizes da Umbanda, ela não é proibida. No entanto, deve-se ter o profundo cuidado de buscar orientação e autorização espiritual para fazê-la pelos motivos a seguir descritos.

De fato, a tatuagem cria marcas em nossos corpos espirituais, e isso pode ser um problema em caso de perseguição de possíveis inimigos astrais por diferentes encarnações. Além disso, o desconhecimento do significado mais profundo de alguns símbolos pode ativar gatilhos sensoriais na memória da pele. Por exemplo, você pode escolher o símbolo de uma tribo que foi responsável por sua morte ou de seu povo em outra existência, e isso pode desenvolver muitos transtornos psíquicos. Da mesma forma, escolhas de símbolos que possuem significados negativos podem colocar a pessoa em conexão com portais extrassensoriais que lhe trarão mal-estar e possíveis desconfortos emocionais.

Outra orientação é para que se analise bem o local do corpo em que o símbolo ou o desenho será tatuado, pois nosso corpo é dividido em hemisférios energéticos, e uma imagem pode ter um impacto em certos campos e não ter em outros. Em todos os casos, recomenda-se consultar o mentor da casa e o verdadeiro significado do símbolo para que ele não cause problemas com memórias de existências anteriores e que, por diferentes motivos, podem estar abertas em sua consciência existencial.

9.3 Sexo e gênero

O sexo é definido por características físicas, biológicas e anatômicas do corpo, como genitálias, órgãos reprodutivos, barba, seio etc. "Gênero é o termo utilizado para designar a construção social do sexo biológico. Esse conceito faz distinção entre a dimensão biológica (sexo) e a dimensão social associada à cultura (gênero)".[1]

Entender a diferença entre constituição biológica do sexo e do gênero nos possibilita compreender como uma pessoa pode nascer com um órgão sexual, mas não se sentir identificada por ele.

9.4 Cargos e gêneros

Na diáspora afro-brasileira, em decorrência da dominação dos povos eurocristãos, o sistema religioso foi recriado, a partir do que foi possível, de acordo com a memória das pessoas escravizadas que sobreviveram ao sistema escravocrata e que, de alguma forma, conseguiram restabelecer, a partir das lembranças, elementos e práticas ritualísticas, restabelecendo, no território brasileiro, o culto aos orixás, inquices,[2] voduns[3] e ancestrais em uma sociedade cristã e patriarcal.

A partir disso, o papel das mulheres dentro dos cultos afrorreligiosos foi ressignificado para poder sobreviver dentro da estrutura cristã-patriarcal. Como bem explica a filósofa nigeriana Oyèrónké Oyěwùmí em seu livro, *A invenção das mulheres*, a sociedade africana

---

1 Cf. GUERRA, [202-?].
2 Do quicongo *nkisi*. São as divindades do povo banto, equivalentes aos orixás (nagôs). [NE]
3 Do fon/jeje *vodũ*. São as divindades do panteão jeje, equivalentes aos orixás (iorubás) e aos inquices (bantos). [NE]

O corpo nas culturas ancestrais e no terreiro

foi obrigada a ressignificar o papel das mulheres dentro de sua cultura religiosa em decorrência da presença dos invasores europeus, que fizeram seus territórios de "colônia" durante vários anos, impondo seus valores civilizatórios às sociedades matrigestoras, que assim estavam construídas desde o início dos tempos da humanidade.[4]

O que chamamos hoje de "sociedade secreta de mulheres", como Egbés, Bundu, Sande e Raruba, sempre existiu, mas intensificou-se e fortaleceu-se após a invasão dos europeus às terras africanas como uma das formas de proteção às mulheres, para que elas se defendessem da perseguição dos homens cristãos europeus e africanos recém-convertidos ao Cristianismo.

Cargos como obás, ojês, alabês, iyaninfas, iyapetebis, guerreiras, caçadoras e parteiras foram redirecionados apenas aos homens, atendendo às determinações das religiões cristãs dominantes, que colocam os homens em papéis de autoridade e liderança principal. Essa prática visava a destituir as mulheres dos cargos que concediam poder a elas e destruir suas posições de chefes e lideranças tribais. A negociação com as mulheres sempre foi mais difícil do que com os homens, o que favoreceu para que os invasores quisessem desqualificar o poder feminino, costume comum em muitas culturas tribais com base em organizações matrilineares, como é mais bem explicado em meu livro *Salve o matriarcado: manual da mulher búfala* (2021).

Mediante conhecimento histórico e sociológico da formação das nações e culturas modernas a partir da dominação cristã patriarcal, é fundamental ressignificar a definição de cargos que se costumam dizer, aqui no Brasil, que são proibidos para as mulheres, mas que, na verdade, na África Antiga, eram exercidos por elas desde o início dos tempos.

---

4   Recomendo assistir ao filme *Mulher Rei*, estrelado pela atriz norte-americana Viola Davis.

Em tempos atuais, algumas aldeias indígenas retomam ou passam a reconhecer a liderança das mulheres. Nos territórios africanos, muitas comunidades preservam a autoridade matriarcal, por mais que seja pouco visibilizado no Brasil. Em 2018, fui iniciada para Oyá e às Iami Oxorongás (também chamadas de Egbés), por uma dessas grandes ialodês, Yia Sango Kunlé, em Ibadam, na Nigéria, ocasião em que tive a oportunidade de vivenciar as práticas africanas na atualidade e testemunhar a preservação da matrigestão feminina mantida viva por estas senhoras, às quais me curvo em reverência respeitosa.

Na prática, a autoridade religiosa à frente de um terreiro é ensinada a seguir as regras da casa onde foi iniciada e tecnicamente preparada para liderar uma comunidade de terreiro afro-indígena religiosa. Ensinamento correto e até bonito quando a pessoa descende de uma casa séria e que realmente possui conhecimento e ética para passar, mas, infelizmente, sabemos que existem muitas pessoas despreparadas, preparando outros médiuns igualmente precipitados e envaidecidos, que querem acelerar o tempo e pular etapas pela simples vontade de se apresentarem como sacerdotes.

Para "evitar" esses problemas, recomendamos as pesquisas que aproximem e aprofundem o conhecimento sobre as civilizações étnico-ancestrais africanas e indígenas, de modo a perceber melhor qual o modelo de organização social era seguido por esses povos, que dão origem aos mitos dos orixás que cultuamos em nossos templos religiosos atualmente. Além de perceber o lugar da mulher em uma sociedade matriarcal, conhecerão diferentes e antigos modelos de organização social matriarcal.

Dizer que uma mulher é proibida de exercer certas funções dentro de um terreiro é algo muito delicado, porque demonstra pouco conhecimento sobre uma cultura matriarcal, que existe há milhares de anos, diferentemente das religiões modernas, que foram inventadas pelos costumes da cultura dominante do homem cristão, que precisava sustentar a estrutura patriarcal.

Ademais, é importante refletir sobre dois aspectos que atravessam a realidade do nosso dia a dia no terreiro:

1. O caráter: será que, realmente, a energia do orixá está mais preocupada com a genitália escondida embaixo de nossas roupas do que com a conduta ética das pessoas que praticam o culto?

2. O machismo: será que, realmente, alguns homens que usam de um espaço privilegiado, ofertado por seus cargos, para galantear, abusar e até mesmo desrespeitar mulheres dentro e fora do espaço sagrado do terreiro, são dignos para apontar para mulheres como inferiores, em virtude da posição de poder que a genitália lhe permite ocupar em uma sociedade patriarcal, lamentavelmente reproduzida dentro de muitos terreiros? Será que homens que maltratam e ferem mulheres são ouvidos de forma respeitosa por nossas iabás, pelas pombagiras e por todas as forças míticas que integram o culto ao sagrado feminino nos terreiros?

Sobre esse assunto, dou o testemunho do que aprendi ao longo das mais de duas décadas, praticando as religiões afro-brasileiras, com dois ancestrais que trabalham como entidades na linha de exu:

"Há um macho, tão macho, que tenha vindo ao mundo sem depender de uma mulher? Não. O corpo de uma mulher é a primeira morada de todos os homens!"

— Seu Zé dos Malandros —

"Como um homem pode bater, espancar, matar, estuprar, trair, magoar e ferir uma mulher, abandonar a mãe dos filhos, abusar de crianças, deixar passar fome, arrebentar o corpo de uma mãe para nascer de dentro dela, estourar seu seio para ser amamentado, retirar noites e noites de sono dela para zelar por sua vida de recém-nascido, e este mesmo homem, depois, dizer que uma mulher não pode exercer uma função ou cargo no terreiro, não pode tocar um atabaque, porque ela carrega um útero, sendo que ele dependeu desse útero para nascer neste mundo?

— Dona Rosa Negra —

Sobre redesignação sexual, precisamos entender que a cirurgia de mudança de sexo biológico é algo bastante recente na humanidade. A primeira cirurgia foi realizada em Lili Elbe (1882-1931), nos anos 1920, pouco tempo para termos um retorno mais profundo e quantitativo da espiritualidade sobre as possíveis consequências desse procedimento no corpo astral e na trajetória do espírito que o realiza.

No entanto, podemos traçar como ponto de reflexão os avanços da medicina, pensando em procedimentos que hoje em dia estão banalizados, como o exame de raios-x (1895), que levou muitas pessoas à morte no início da sua realização, mas hoje tornou-se um procedimento preventivo de extrema importância para a humanidade.

Para refletir melhor sobre esse assunto, já que não se tem conhecimento de que tal prática era realizada pelos povos tribais, é importante pensar como a cirurgia plástica surge e qual a finalidade que ela cumpre para a humanidade. Centenas de cirurgias corretivas e estéticas são realizadas diariamente e ninguém se importa com isso. Logo, por que tanta preocupação com o que é feito na parte íntima de uma pessoa que não nos diz respeito?

Quando uma pessoa se sente incomodada com o nariz, ela muda e ninguém oferece opinião sobre isso. Por que expressar opinião pública, cheia de preconceito, sobre uma cirurgia genital?

De fato, não temos nada a ver com isso e desconhecemos os transtornos que uma pessoa pode ter passado ao longo de toda a vida por não estar feliz com uma parte do corpo que ela não reconhece como sua. Se ocorrem danos no corpo astral, ainda não é possível saber, mas o que os valores éticos e filosóficos nos ensinam é que devemos respeitar o direito que todos têm de serem felizes como queiram e lembrar que é o caráter que define o ori, não a genitália de ninguém.

Em casos de iniciação, o tratamento dentro da comunidade de terreiro deve prezar pelo acolhimento por meio do amor, que é a forma mais respeitosa e esperada por essas pessoas, que, quase sempre, chegam até nós muito feridas pelo preconceito da sociedade. A maioria sofreu desde a infância com o preconceito da própria família, que a rejeitou ou violentou.

É necessário ter a compreensão de que o ambiente religioso não deve ser mais um lugar de hostilização para quem já está ferido. Devemos amar todos os que os orixás direcionam até nossas casas e pedir-lhes orientação sobre como as entidades-chefes querem que estas pessoas sejam acolhidas dentro da casa.

Em casos de iniciação, é importante que a autoridade religiosa, devidamente preparada e muito bem orientada espiritualmente, consulte o orixá e a ancestralidade daquela pessoa para saber se eles a reconhecem no gênero que ela deseja ser reconhecida; às vezes, ocorre dissonância nesse olhar. Em alguns casos, realmente, o orixá não reconhece a pessoa no gênero com o qual ela se identifica e, naturalmente, há dezenas de explicações para isso, e essa definição deve ser respeitada pela pessoa, que terá todas as explicações da matriarca ou da(o) dirigente, a fim de que alcance a devida compreensão.

Situações como essas são muito delicadas, podendo levar a pessoa para mais um sofrimento além de todos os que já sofreu na vida, em decorrência da sua autopercepção em relação à orientação de gênero.

Recomendamos que a(o) ministra(o) religiosa(o) recorra a outras autoridades religiosas para se certificar de que está transmitindo a mensagem do Orum, e não a sua própria, com base em conceitos pessoais muitas vezes carregados de preconceito. O costume praticado pelos antigos de confirmar a mensagem dos orixás com outras mães e outros pais amigos evitava muitos erros que vemos hoje dentro dos terreiros. Porém, é necessário o diálogo com pessoas de mentes abertas e lúcidas.

Infelizmente, as pessoas mais novas não fazem isso pelo medo de demostrar insegurança em sua vidência ao consultar o oráculo ou ao realizar a leitura de alma. Na verdade, elas deveriam entender a confirmação como uma forma de respeito à mensagem que está sendo transmitida pelos ancestrais. É melhor fazer algo com certeza do que com dúvidas.

Esse tipo de mensagem, transmitida de forma irresponsável, pode levar uma pessoa a um quadro profundo de depressão, ao uso de drogas, ao alcoolismo e até mesmo ao suicídio direto ou indireto.

Em casos ainda polêmicos, é importante lembrar-se de que o dono da casa é o orixá, sendo a autoridade religiosa apenas uma gestora do templo. A vontade que deve prevalecer é a do dono do terreiro, mesmo que isso custe o enfrentamento do preconceito trazido pelo próprio corpo mediúnico.

Exatamente por isso, reforçamos na Escola de Umbanda Preta e Indígena a necessidade de estarmos bem-preparadas(os) para estar à frente de uma instituição religiosa. Este livro e os cursos são uma pequena contribuição para esta formação.

9.5 Eutanásia[5]

Ao nascermos, recebemos de Olodumaré um sopro de vida, que determina por quanto tempo nos manteremos vivos na Terra. Nossas escolhas, positivas e negativas, podem alterar esse tempo. Logo, não está em nossas mãos decidir pela interrupção da vida, pois ela tem um tempo a cumprir.

De qualquer forma, a decisão é sempre tomada pela família, que nem sempre partilha das mesmas crenças que o enfermo, tornando mais difícil o entendimento; além disso, ainda existe o custo altíssimo desse tipo de intervenção, podendo interferir bastante na decisão.

Orientamos que, nessas situações, os ancestrais sejam consultados para que eles aconselhem melhor o que fazer. Existem casos de pessoas que despertaram depois de permanecer um tempo desacordadas, mas cada caso é um caso. Para cada ori, um destino, um tempo de vida e um aconselhamento de acordo com o propósito da vida de cada ser. O que serve para um nem sempre serve para o outro.

9.6 Cremação

Como já foi explicado, recebemos um corpo para que nosso espírito habite este mundo. A matéria que o compõe (mawa) é parte da natureza deste planeta (poeira cósmica universal), devendo ser devolvida ao ciclo biológico da natureza tão logo o sopro da vida (emi)[6] deixe o corpo.

---

5   De acordo com o Código Pena Brasileiro, é considerada crime de homicídio, ainda que "privilegiado", no Brasil. [NE]
6   Em iorubá, "èmí".

Ao finalizar o uso, devemos devolvê-lo à natureza no estado natural que o deixamos após a morte. Não compramos o corpo e temos limites de autonomia sobre ele. A devolução dele para a terra é a prática da maioria das tribos africanas e indígenas. A cremação não faz parte da cultura de nossos ancestrais.

Ao renascermos, necessitaremos da composição de um novo corpo, logo, não é recomendável que façamos a devolução dele para a natureza da forma diferente da que recebemos. No processo de cremação, podemos estar desrespeitando a natureza e ofendendo nossos ancestrais. Devolva seu corpo à terra, é o mais prudente a se fazer.

9.7 Rituais fúnebres

Existe um tempo mínimo de desligamento da energia vital do espírito do corpo no momento da morte, em média 72 horas. Esse tempo deve ser respeitado. Os povos africanos e indígenas mantêm a tradição de realizarem ritos e rezas no momento da passagem dos seus. Cada tribo possui ritos próprios, e eles variam de acordo com a função e a importância que aquela pessoa teve para a comunidade. Se esse ser humano teve uma boa conduta e foi estimado pela comunidade, ele será cultuado como ancestral; caso tenha sido alguém que envergonhou a família, receberá rezas e rituais simples.

Para os iorubás e muitos indígenas, não existe a ideia de cemitério, os membros da tribo são enterrados dentro da aldeia. No caso dos iorubás, muitos fazem a sepultura na porta de casa, pois consideram um desrespeito depositar o corpo de um familiar querido em um cemitério, ou seja, em covas coletivas distantes da família.

Em nosso caso, a legislação brasileira não permite isso, exceto nos casos de ministros religiosos, que, se estiverem legalmente constituídos, poderão solicitar o enterro dentro dos templos. Aos demais, caberá o enterro nos moldes da sociedade brasileira.

Os ritos na Umbanda são mais simples, mas, caso a pessoa tenha sido um médium praticante e iniciado, a autoridade religiosa deverá realizar o despacho de seus objetos religiosos da maneira correta, de acordo com o entendimento e a orientação dos ancestrais de cada casa.

Os irmãos, assim como a autoridade religiosa, deverão acompanhar o enterro, todos vestidos de branco e com a cabeça coberta de branco. Esse rito vale para todas as vezes que umbandistas e candomblecistas entrarem no cemitério para qualquer enterro ou ritual. Vestimos branco porque é a cor do nosso luto, em respeito a Iku, a morte.

O sacerdote deve oferecer, no mínimo, uma reza, direcionando aquele espírito ao reencontro com os ancestrais; uma vela, uma flor branca e água na terra para saudar a família espiritual dele no momento final do enterro.

Existem casos em que a família do morto não é da religião e não autoriza nenhum tipo de cerimônia por mais simples que seja. Nesses casos, não ofereça briga aos pés do morto. Faça os ritos depois que acabar o enterro ou no outro dia.

Após 7 e 21 dias, faça rezas e ofereça alimentos específicos (consultar as pretas-velhas) para o morto no cruzeiro dos pretos-velhos.

Não tenha medo, o morto não se torna uma assombração. Se foram bons espíritos, voltarão para nos visitar, aconselhar, proteger e orientar, e tornam-se ancestrais daquele templo.

Apenas respeite os outros mortos que ficam vagando pela terra e, principalmente, pelo cemitério. Isso ocorre justamente por eles não terem tido bom caráter e não terem recebido cerimônia fúnebre em seu desligamento, o que os leva a uma busca profunda pelo afeto dos familiares; e devido à condição do estado sem direcionamento em que estão vivendo.

Sempre entre no cemitério de branco e com a cabeça coberta, como dito anteriormente, saia de frente, pois não se deve dar as costas para a morte, dê sete passos e, depois, vire-se e não olhe para trás, mesmo que chamem seu nome.

Ao chegar em casa, tire os sapatos e não permita que a terra do cemitério entre na residência; tire as roupas do lado de fora e as lave com sal grosso e ervas. Em seguida, bata umas folhas no corpo (peregum, guiné e arruda), beba água, tome um banho de ervas e, se possível, passe um defumador na casa.

Chore pelo morto o quanto quiser, isto não é ruim, é saudade, e esta forma de amor chega até ele como uma oferenda de carinho. Apenas atente-se para não se revoltar com a morte, isso gera um contra-axé muito forte. Por mais que tenha sido uma morte violenta e traumática, lamente o ocorrido, mas não se revolte com ela.

Iku só leva uma pessoa com autorização de Olodumaré. Quando cometemos a arrogância de questionar e de nos indignar com a morte de alguém, Iku se sente afrontado e pode permitir que alguns eguns sem luz fiquem entre nós apenas para que possamos aprender a respeitar o silêncio em relação aos fatos da natureza que não dominamos.

9.8 Transplante de órgãos

Também é algo recente na humanidade. Por isso, é difícil descrever os possíveis impactos, se positivos ou negativos, que podem ser gerados ao espírito que doa e ao espírito que recebe.

A reflexão é dolorosa, mas extremamente necessária. Todos recebemos um corpo nas condições devidas para o uso, de acordo com o destino que viemos cumprir, e com o bom ou o mau uso que fizemos dos corpos que utilizamos em existências anteriores a esta vida.

Um órgão carrega todas as energias e registra as impressões magnéticas do espírito que o utiliza. Logo, ao ser transferido para outra pessoa, a vitalidade daquele órgão e as respectivas energias que o integram serão igualmente transferidas.

Sabemos que sentimentos como raiva, rancor, ódio e inveja se enraízam em nossos órgãos e corpos, assim como sentimentos nobres de amor, generosidade, empatia, esperança e fé. Consequentemente, ao recebermos o órgão de alguém em nosso corpo, também receberemos a energia de quem o portou durante toda uma existência. Talvez, esse seja um dos principais motivos de muitos transplantes de órgãos terem rejeição.

Diante disso, é preciso levar em conta a saúde da pessoa e da família, que normalmente fica exaurida com a doença do enfermo. Como todos temos liberdade de escolha, devemos apenas refletir sobre as possíveis consequências que um transplante pode causar no caso de rejeição. Por mais difícil que seja, o ideal é consultar a ancestralidade para saber se há autorização ou não para a realização do transplante.

9.9 Aborto

Trata-se de outro assunto bastante polêmico, em virtude do pouco debate público feito sobre ele e, principalmente, pelo descaso das autoridades públicas, que fingem ignorar uma quantidade imensa de abortos que são feitos no Brasil, diariamente, de forma clandestina.

Enquanto mulherista africana e feminista e, portanto, defensora do fim da violência patriarcal contra os corpos femininos, tenho plena consciência dos casos de violação que levam mulheres e meninas a engravidar compulsoriamente, tais como pedofilia, estupro e estupro marital (sexo forçado pelo próprio companheiro).

Em quase todos os casos, o homem não será punido pelas leis civis, podendo, inclusive, jamais ser descoberto por toda uma vida de abusos praticados contra a vítima. O genitor abusador também não sofrerá qualquer dano em seu corpo físico e emocional em uma situação de aborto, restando apenas à mãe e à criança a penalização com a interrupção da gravidez ou não.

Em decorrência da ausência de uma política pública que assegure a prevenção da gravidez e a segurança de nossos corpos diante do estupro e da pedofilia, muitas mulheres morrem, ficam estéreis, sofrem outros danos físicos, além dos emocionais, após práticas clandestinas ou não de aborto.

Embora tenha profunda lucidez em relação às questões que envolvem o aborto no Brasil, assunto que problematizo com mais profundidade em *Salve o matriarcado: manual da mulher búfala* (2021), meu lugar de fala aqui é como religiosa e, sendo assim, gostaria de apresentar as seguintes reflexões para contextualizar a prática do aborto sob a ótica umbandista.

Primeiramente, salvo os casos de violência em que a mulher não teve o direito de recusar o ato sexual compulsório, a prevenção deve ser um cuidado constante mantido por homens e mulheres que não desejem engravidar. Importante saber que as consequências espirituais e energéticas do homicídio cometido contra a vida do nascituro, no caso do aborto, serão igualmente repassadas ao homem e à mulher.

Outra questão é: o ser humano, em sã consciência, gostaria de ser abortado? Todos sabemos a resposta: não. Então, como decidir pela morte de alguém que sequer tem voz e força física para se defender?

Precisamos entender que o ato sexual gerador de uma vida pode ser evitado. Existem inúmeros métodos contraceptivos que devem ser igualmente praticados pelo homem e pela mulher, o que significa dizer que, quando a opção é o aborto, é uma decisão que visa a corri-

O corpo nas culturas ancestrais e no terreiro

gir um cuidado que não foi tomado previamente pelo pai e pela mãe da criança gerada.

Os danos espirituais causados ao espírito abortado são bastante impactantes. Todo assassinato gera um caos energético no corpo físico e espiritual de um ser vivente, e, no caso de um bebê, o efeito perturbador é ainda mais profundo em virtude da energia de destruição que se coloca em contraposição à energia geradora da vida que possibilitou o mawa para a criação daquele corpo durante a fecundação.

Optar pelo aborto significa ter praticado um ato energético sexual e afetivo intenso ao ponto de gerar uma nova vida e depois, simplesmente, aniquilá-la. Não se brinca dessa forma com o Orum; o Universo responde a todos os impulsos magnéticos que o atravessam. Em algum momento, a energia desprendida para gerar a vida será atraída novamente para o impulso magnético que a gerou (casal), podendo ser devolvida de forma saudável ou não, a depender das ações e condutas do caráter do pai e da mãe.

Quando ambos seguem provocando inconsequências e desordens no Universo, é possível que a força seja devolvida como uma espécie de bumerangue fulminante, que pode levar o casal a transtornos energéticos por longos anos, principalmente se aquela energia foi destinada a dar uma nova vida a uma ancestral que voltava para o seio da família com uma função específica de auxiliar em seu equilíbrio, por exemplo.

Em todas as hipóteses, matar alguém não gera boa energia. Matar um parente pertencente à sua árvore genealógica pode lhe causar certo dano, gerando um nódulo no DNA ancestral de toda a família por gerações e gerações, até que este espírito seja reagrupado ao núcleo de vida original.

Previna-se e faça sexo com segurança para evitar o máximo possível ter de optar pelo aborto. O sexo livre é potência criadora, ele tem a função de fazer muito bem ao casal, seja hétero ou homoafetivo. Nos casos em que o sexo gera uma "gravidez não desejada", tenha a certeza de que a potência criadora da atividade sexual foi totalmente mal utilizada e trará consequências nefastas que, às vezes, passados longos anos, ainda estarão causando impactos negativos na vida da pessoa.

Outro aspecto pouco falado sobre esse assunto é em relação às consequências emocionais, físicas e espirituais sofridas pela mulher que faz o aborto. Poucas são as pessoas que acolhem e cuidam dessas mulheres, até porque muitos abortos são feitos de forma clandestina, sem o conhecimento da família. Muitas vezes, a mulher fez o aborto por ser a última opção; seja porque foi obrigada pelo pai da criança ou porque sentiu medo de criar a criança sozinha ou teve medo de não ter o apoio da família; não queria a gravidez naquele momento da vida ou não queria ter filho com aquela pessoa que a fecundou.

O fato de a mulher realizar o aborto, quase sempre de forma solitária, não significa que ela esteja feliz e que ficará bem depois de ter consumado a ação. Muitas vão experimentar uma profunda apatia e até depressão depois de realizá-lo. Contudo, sofrerão em silêncio por falta de coragem de dizer que, na verdade, não queriam realizar o aborto, enquanto, do outro lado, o homem não tem o corpo invadido e não sofre as consequências físicas e emocionais do aborto.

Em minha experiência de mais de duas décadas como matriarca, cuidando de pessoas, perdi a conta de quantas mulheres cuidei e cuido no terreiro que gerencio e dentro do presídio onde atuo. São mulheres totalmente desestruturadas energeticamente depois do aborto. Vejo pouco debate sobre o estado emocional e físico da mulher depois dessa prática. Esse, inclusive, é um dos motivos principais de doenças na região uterina e na coluna vertebral de muitas mulheres que praticaram aborto.

Evidentemente, a prevenção da gravidez na sociedade patriarcal é algo totalmente machista e até misógino. A pílula anticoncepcional, por exemplo, foi primeiramente desenvolvida para a mulher (1960); passados 60 anos, a pílula anticoncepcional masculina ainda está em desenvolvimento. A justificativa é que a pílula feminina funciona muito bem, e que os efeitos colaterais nos homens, como espinhas na pele, alteração de humor e libido, criam obstáculos à sua produção, pois impossibilitam o uso continuado pelo homem; ou seja, efeitos sofridos pelas mulheres que usam pílulas desde sua criação, o que prova que a decisão econômica de não produzir anticoncepcionais masculinos está baseada em valores sexistas que responsabilizam a mulher por todo processo de fecundação, incluindo, ainda, a responsabilidade pela prevenção, como se fizessem filhos sozinhas. A prova disso é que, na verdade, uma mulher só pode gerar até um filho por ano, enquanto o homem pode engravidar até duas mulheres em um único dia.

Concentrar a técnica de prevenção sobre o homem, que, na maioria das vezes, sequer assume os filhos que faz, tornaria a política de controle de natalidade muito mais eficiente, se a cultura dominante não privilegiasse o homem como menos responsável por seus descontroles sexuais do que as mulheres.

Em contrapartida, não há incentivo à realização da vasectomia, que é uma técnica preventiva muito mais barata, menos invasiva e com pouquíssimos efeitos colaterais. Isso traria uma redução no número de gestações indesejadas, nas práticas de aborto e promoveria menos danos à saúde ginecológica, emocional, econômica e social das mulheres.

Em todo caso, a consulta aos ancestrais deve sempre ser feita, porém, é indiscutível os danos espirituais, energéticos, emocionais e físicos que o aborto causa para a mulher e para o homem.

Ninguém assistiria a uma cadela, gata ou girafa prenha tendo o filhote arrancado do ventre antes do nascimento sem se sensibilizar com a dor que esta fêmea e sua cria estariam sofrendo durante e após o aborto. Como ser humano, pergunto-me como a humanidade pode ser indiferente aos efeitos colaterais em curto e longo prazo que o aborto provoca na saúde uterina e existencial de uma menina, adolescente ou mulher.

Importante ressaltar que, mesmo que o homem não saiba que a mulher abortou o filho dele, espiritualmente, ele responderá pelas consequências energéticas e espirituais do homicídio do próprio filho pelo fato de ter podido evitar a relação sexual que gerou a criança.

As consequências para as pessoas que trabalham como profissionais do aborto clandestino ou vendendo remédios não são diferentes. Serão igualmente responsabilizadas. Isso ocorre por efeito de um mecanismo natural de causa e efeito, a partir de todas as ações que provocam movimento de forças criadoras e destrutivas no Orum. Todas as nossas ações geram energias que mobilizam forças equivalentes, trazendo de volta para nós bênçãos ou lixos astrais do Universo.

Para mulheres e homens que já praticaram aborto ou profissionais que atuaram com essa técnica, mas que não tinham a consciência espiritual que têm hoje, a orientação é a de que não se prendam ao sentimento de culpa. Somos cobrados pelo Universo na proporção da lucidez que temos acerca de nossos atos. Mergulhe cada vez mais em estudos sobre ancestralidade e filosofias africanas e indígenas, e você será nutrida(o) com aprendizados que proporcionarão o entendimento para superar e transformar a dor em ações concretas de forças positivas. Confie nisso e substitua o passado de erros por ações que honrem seus ancestrais!

O corpo nas culturas ancestrais e no terreiro

9.10 Sexo

O sexo sempre foi tratado de forma natural pelos povos tradicionais, que o compreendem como um fenômeno físico e afetivo gerador da vida. O prazer nunca foi um tabu para as sociedades africanas e indígenas, até porque ele sempre ocorreu dentro de regras tribais de não violência; logo, era tratado como prática comum, intrínseca à natureza humana, e até sagrada para alguns povos.

Com o surgimento do Cristianismo, a Igreja Católica e o Protestantismo tornaram o ato sexual ilícito e pecaminoso, o que trouxe fortes consequências para a humanidade. O prazer passou a ser tratado como pecado. Ao ser transformado em atividade pecaminosa, abriu caminho para práticas escondidas, que deram início a uma série de desvios comportamentais advindos de uma força sexual reprimida. A violência e a violação passaram a acompanhar as práticas sexuais no ambiente público e privado.

O desejo passou a ser reprimido, a libido ocultada e o uso da força para satisfação do prazer patriarcal dentro e fora de casa foi sendo cada dia mais usado. A priorização do prazer do patriarca (macho-alfa) foi cada dia ganhando mais espaço no ambiente público, o que resultou na sexualização do corpo da mulher até mesmo em programas de televisão diurnos e infantis.

A violência patriarcal, estruturada na cultura machista capitalista, estabeleceu o domínio dos corpos das mulheres, elas já não eram mais livres para escolher com quem (e como) se relacionar, quando engravidar, com quem se casar, com quem fazer sexo e como seria a vida profissional. Perderam totalmente o direito de decidir sobre o próprio corpo.

Com a intenção de perpetuar a visão das mulheres como objeto sexual do homem, sendo tratadas como herdeiras de Eva e de Lilith — por serem pecadoras, capazes de despertar nos homens desejos incontroláveis —, as mulheres foram reduzidas a padrões e estereótipos de "puta" ou de "santa", recatada/do lar ou amante, Madonna ou Mona Lisa.

Toda essa transformação na forma de olhar o sexo trouxe para os homens uma privilegiada zona de conforto, que lhes possibilitou excessivas trocas de parceiros e parceiras sexuais sem ter responsabilidade afetiva com as pessoas com as quais se relacionavam. Patriarcalmente, as mulheres não podiam nada, não tinham a menor liberdade, ou eram rotuladas de "putas".

A partir desse conceito, os homens podem tudo, inclusive matar em nome da honra. Tipificado anteriormente como crime "passional" — palavra originária do latim que significa "paixão" —, ou seja, assassina porque está apaixonado; é chamado, atualmente, de "feminicídio", que explica corretamente que o homem matou uma mulher pelo simples fato de ela ser mulher sem o direito de desobedecê-lo.[7]

Em síntese, todo puritanismo cristão em relação ao sexo acabou promovendo a promiscuidade, a subestimação, a dominação da mulher e a despotencialização do ato sexual como ferramenta geradora de luz, bem-estar e energia sagrada, como era praticado nas sociedades tradicionais pré-coloniais.

Precisamos entender que o ato sexual é uma necessidade fisiológica, que cumpre uma finalidade biológica de gerar uma vida, o que não significa que ele não possa ser usado para o prazer, mas, ao ser praticado, o organismo entende que é para conceber uma vida, produzindo, então, força e energia capazes de criar uma combustão energética que gere outros seres humanos para preservação e perpetuidade

---

7   "Apenas em 2015, a legislação brasileira reconheceu o crime de feminicídio (Lei nº 13.104/2015) — assassinato de mulheres por homens pelo simples fato de serem mulheres —, como um desdobramento positivo da também tardia Lei Maria da Penha (Lei nº 11.340/2006), que classificou como crime a agressão de mulheres por homens." (PINTO, 2021, p. 190)

O corpo nas culturas ancestrais e no terreiro

da espécie. Mesmo quando é feito por pessoas do mesmo gênero e sexo, a natureza age de forma fisiológica, gerando a mesma potência de energia criadora e curadora.

Por se tratar de uma energia tão forte, o sexo cria um campo de força que fica magneticamente ativo, mais intensamente por até 72 horas, podendo manter-se conectado por até seis meses, dois anos ou por séculos, em casos específicos de casais sinérgicos (fenômeno que explica o caso de marido ou esposa espiritual).

Isso significa que, ao fazer sexo com uma pessoa que tem boa energia, seus corpos astrais estarão em combustão por este tempo e ambos serão beneficiados pela energia positiva gerada pelo ato sexual. Em caso contrário, em que uma das partes ou ambas estão negativas, após o ato sexual, uma das partes ou ambas agirão como vampiros energéticos sobre a pessoa que estiver mais fraca espiritualmente.

Em caso de sinergias negativas, pode ocorrer de ambos os indivíduos falidos em sua autocapacidade de ativar os vórtices energéticos (chacras) seguirem se retroalimentando através do coito sexual, que pode resultar em uma dependência biopsíquica lateral ou unilateral, como uma sanguessuga, que desenvolve uma codependência de outro ser vivente, alegrando seu dia com o roubo de nutrientes elementares que não sabe produzir para si, necessitando retirar de outra pessoa o insumo energético para sua "pseudofelicidade".

É comum dar o nome de paixão a esse tipo de relacionamento, amantes perfeitos, e até mesmo amor da vida eterna. Quase sempre são relações com altos níveis de estresse, em que a convivência a dois é praticamente insuportável, porque não há o encontro de almas.

Esses relacionamentos estão sempre acompanhados de muitas brigas e agressividade, exatamente porque cada discussão provoca dispersões nervosas que são exaladas pelas palavras ácidas proferidas durante a briga. Plasmam formas vivas no ambiente, onde indivíduos energeticamente esgotados conseguem sobreviver, mantendo-se alimentados por um processo de combustão tóxica presente no local, ou por pessoas, das quais se tornam dependentes.

Não é incomum que tais relações terminem em tragédia, caso não haja uma intervenção espiritual ou terapêutica que ajude o casal em seu processo de desconexão energética (divórcio espiritual).

Essa compreensão é importante para entendermos que nem sempre uma forte atração sexual é realmente um caso de identificação afetiva e sexual entre dois amantes perdidamente apaixonados. É sempre necessário se perguntar se você está se relacionando com um(a) vampiro(a) energético(a) ou se mantém uma relação saudável e equilibrada com sua(eu) parceira(o).

Infelizmente, essa regra também se aplica aos casos de relacionamento abusivo e de violência sexual, como estupro, pedofilia e estupro marital. Esses são alguns dos principais motivos que dificultam o restabelecimento energético e emocional da vítima, que foi colocada em um lugar de dominação, passando a conviver com emoções diárias de medo, raiva reprimida, opressão, ofensa, humilhação, ansiedade, insônia, medo de dormir, sono perturbado e baixa autoestima.

Sem produzir energias positivas motivadoras dos vórtices, acaba desenvolvendo uma dependência emocional (vinculação) em relação ao agressor. A desintegração da energia do abusador, reativada pela memória da pele, acostumada às sensações bioenergéticas que ele provoca, sejam positivas ou negativas, realiza uma espécie de amarração bioquímica com a dor, podendo levar anos e até vidas inteiras para desintegrar-se sem ajuda espiritual, psicológica ou bioenergética.

A partir das reflexões expostas, o que devemos entender sobre esse assunto não se refere às hipocrisias morais trazidas pelo falso moralismo cristão, que só geraram atrocidades e desregramentos, como os crimes de abusos sexuais que assolam a humanidade até os dias atuais.

Queremos apenas sugerir que o médium entenda que a seleção do parceiro e da parceira pode ser uma escolha que trará benefícios ou danos energéticos à sua estrutura bioenergética e aos corpos espirituais, com forte impacto em sua saúde espiritual e física.

Não é incomum que as entidades e os corpos mediúnicos permaneçam muito tempo na limpeza e na retirada de gosmas das regiões genésicas do consulente nos descarregos espirituais realizados dentro do terreiro. Muitas pessoas têm a vida atrasada ou paralisada por conta de se manterem em atividade sexual com pessoas que são verdadeiros vampiros energéticos. É comum que, ao serem ajudadas a se desvincular destes(as) parceiros(as), a vida da pessoa comece a fluir positivamente.

Escolha bem com quem trocar energia sexual, a fim de evitar transtornos energéticos que possam causar problemas graves no futuro, sem que você saiba por que se colocou, literalmente, em maus lençóis.

Nas comunidades tribais, havia a consulta do oráculo ou da sacerdotisa para saber se o indivíduo deveria ou não entrar em atividade sexual/afetiva com outra pessoa. Na atualidade, como a atividade sexual não significa, obrigatoriamente, relação afetiva, é importante o desenvolvimento de um filtro energético para evitar que uma pessoa entre em seu campo sensitivo e gere transtornos que podem ser evitados.

9.11 Ori/cabeça/coroa

A cabeça é considerada, na tradição iorubá, como uma divindade, tamanha sua importância na estrutura do corpo físico e espiritual.

Ela traz o seu Eledá[8] e sustenta a "coroa" do seu destino, ou seja, ela é a parte principal do corpo e, por isso, traz todas as potencialidades para que se cumpra seu propósito de vida. Exatamente por isso, ela deve ser muito bem cuidada, preservada e fortalecida.

Ela concentra visão, audição, paladar, olfato e tato e abriga os cabelos, que, junto com as unhas, é a única parte do corpo que a terra não come. Por isso, ela é tão sensível ao toque e ao contato com outras pessoas, seja ao ser acariciada, ao cortar o cabelo, ao realizar um serviço de estética ou odontológico e, principalmente, ao ser cuidada espiritualmente.

O equilíbrio entre uma cabeça (ori) fortalecida e um bom comportamento (iwa)[9] tornará a pessoa muito feliz e realizada. Porém, é preciso entender que o mau comportamento resulta em falta de caráter, que influencia negativamente na força vital positiva que a cabeça trouxe para cumprir seu destino.

Isso significa que realizar todos os rituais para cuidar da cabeça não é suficiente se você não melhorar seu comportamento e não educar seu caráter. A busca individual por melhoramento deve ser constante, porém, a escolha de um terreiro para que realize estudos e diferentes formas de desenvolvimento é fundamental para alcançar o equilíbrio positivo entre ori e iwa.

---

8   Segundo o *Dicionário yorubá-português*, de José Beniste (Bertrand Brasil, 2019) "Ẹlẹ́dá" significa "O Senhor da Criação, o Deus Supremo". De acordo com o *Grande Dicionário Houaiss*, "ser ultraterreno que faz de protetor e guia espiritual [...] Assimilado, no Brasil, ao dono da cabeça (Olori) e ao protetor (Elemi), e sincretizado com o anjo da guarda cristão". [NE]

9   Segundo o *Dicionário yorubá-português*, de José Beniste (Bertrand Brasil, 2019) "ìwà" significa "Caráter, conduta, comportamento". [NE]

» 10 «

ASSUNTOS DE TERREIRO

Incorporação consciente, formação e desenvolvimento do corpo mediúnico e regimento interno

Para falar de formação e desenvolvimento mediúnico, precisamos, imediatamente, falar sobre um assunto tabu: o que é **mediunidade e incorporação consciente**. O tema é raramente falado e gera muito misticismo, charlatanismo e o afastamento de pessoas da religião, justamente por não ser dito de forma transparente.

Infelizmente, o pouco estudo que muitos terreiros oferecem aos médiuns faz com que alguns adentrem à corrente mediúnica ou se tornem filhos da casa sem ter um preparo mínimo para estar em uma corrente de trabalho espiritual, não possuindo, sequer, o entendimento básico-teórico do que é a mediunidade, a espiritualidade e a religiosidade.

Muitos são levados ao terreiro por fenômenos mediúnicos de incorporações descontroladas. Ao chegarem ao templo com essa queixa, deveriam ser imediatamente informados de que a mediunidade é um fenômeno milenar, presente em muitas culturas, dentre elas a africana e a indígena.

O fenômeno consiste no fato de um espírito ancestral se comunicar através do médium, utilizando as sensibilidades auditivas, mecânicas, intuitivas, oratórias, premunitivas, psicográficas, telepáticas, do sonho, entre outras.

Esse fenômeno é compreendido pelos antigos como uma forma natural de comunicação das forças criadoras do Universo, que chamamos de Deus, Olodumaré, Tupã ou como queiram, e os que utilizam nossos ancestrais para nos transmitir mensagens que possam auxiliar em nossa trajetória espiritual na Terra para o bom cumprimento do nosso propósito de vida (destino).

Há milhares de anos, a humanidade utiliza essa faculdade sensitiva de forma natural e espontânea. Naturalmente, em todas as comunidades tribais, existe a figura da autoridade religiosa, que é dotada de maior força ancestral para se comunicar com o Universo, mas sempre houve outras pessoas dotadas dessa sensibilidade para receber receitas de curas medicinais, rezas, avisos e aconselhamentos que auxiliam a humanidade a sobreviver.

Nos últimos dois mil anos da humanidade, o advento do Cristianismo, por intermédio da Igreja Católica, persegue essa forma de comunicação ancestral, satanizando todas as pessoas dotadas ou praticantes dessa faculdade mediúnica, instaurando, dessa forma, o Tribunal da Santa Inquisição para perseguir e punir as pessoas que insistiam nas práticas sensitivas tradicionais.

A partir de então, as pessoas passaram a esconder seu dom. Ao longo dos anos, temendo serem queimadas na fogueira, passaram a ter pavor de assumir que eram médiuns, pois se tornou crime falar com Deus sem necessitar do padre para tal diálogo. Foi proibido ouvir a mensagem de Deus por nossas próprias ancestrais. Dessa forma, a Igreja se mantinha como "instituição religiosa central e porta-voz da comunicação com o Divino", e todos os fiéis deveriam a ela se reportar para então terem a legitimidade de ouvir a mensagem Divina.

Após dois mil anos, ainda sentimos o impacto negativo que a perseguição causou na humanidade. Após anos sem a utilização dessa faculdade de forma natural, esquecemos a maneira mais simples de falar e ouvir nossos antepassados e protetores. Isso significou não somente o adormecimento da sensibilidade mediúnica, mas, em alguns casos, acarretou também a calcificação dos pontos de energias, popularmente conhecidos como chacras; o bloqueio do ponto central do ori (cabeça), responsável pela comunicação, conhecido como moleira, glândula pineal, chacra coronário, entre outros.

Esse é um dos motivos pelos quais muitas pessoas relutam em aceitar o chamado espiritual. Sentimos um misto de medo do preconceito criado nos últimos dois mil anos, associado à falta de compreensão do que ele realmente significa e sua devida importância em nossas vidas. Passamos a ver a mediunidade como um mistério, e não como uma faculdade intrínseca à natureza humana.

Outro tabu disseminado sobre esse fenômeno é o mito do transe inconsciente. Talvez por medo, as pessoas passaram a dizer que o fenômeno era alheio à sua vontade (o que de fato ocorre em algumas circunstâncias) e que ficavam completamente apagadas durante o transe, quase que tentando se eximir da responsabilidade de ter sido instrumento de comunicação de uma força espiritual.

No entanto, isso não é verdade. Ocorrem transes absolutamente inconscientes, sim, mas são raríssimos; porque, se a razão de ele ocorrer é justamente para transmitir uma mensagem da espiritua-

Assuntos de terreiro

lidade com o ente portador da mensagem, como pode o médium ser penalizado com a ausência do conteúdo que está sendo transmitido?

A prática do desenvolvimento mediúnico trará ética para o médium, levando, em médio e longo prazo, a insegurança embora. O médium deve ser ensinado a ter responsabilidade e equilíbrio durante o transe; para isso, é necessário que ele trabalhe com a incorporação durante um longo tempo, que varia de médium para médium e de terreiro para terreiro; de acordo com a orientação da entidade-chefe e da(o) dirigente da casa. A prática fará com que o médium aprenda a silenciar o ouvido, a mente, a voz e a visão, permitindo ser disciplinada para o transe.

No capítulo sobre o corpo, lembramos como ele também é responsável pela aprendizagem. Nesse sentido, o médium precisa de treinamento corporal e espiritual até estar efetivamente preparado para trabalhar com a consulta pública. O estudo teórico da mediunidade ajudará bastante na prática do desenvolvimento mediúnico. O grande equívoco é a pressa que muitas(os) dirigentes têm em querer mostrar que possuem um terreiro com muitos médiuns trabalhando, permitindo, assim, a atividade mediúnica sem o devido preparo.

Outro problema que gera é o charlatanismo, muitos oportunistas se apoiam nessa mentira para enganar as pessoas, alegando que não estão acordados durante a incorporação e que, portanto, não são responsáveis por tudo o que foi dito. Esses fenômenos têm posto nossa religião em situações de profundo descrédito.

Recomendamos os estudos divididos nos temas a seguir como orientação para o desenvolvimento mediúnico teórico:

- **História das religiões:** é importante ter um conhecimento básico da história das religiões no mundo para melhor entender sua conexão ancestral com elas.

- **História da África e dos povos indígenas:** é fundamental se interessar pela história dos povos africanos e indígenas para entender melhor as mensagens trazidas nas manifestações dos ancestrais, que se apresentam nas linhas de caboclos, pretas-velhas e exus dentro dos terreiros.
- **Filosofias e culturas indígena e africana:** povos que habitam o mundo há milhares de anos e têm o próprio sistema de crenças, organização social, ideológica, espiritual, ética e moral, que constitui suas filosofias; é indispensável mergulhar nesse conteúdo para resgatar e revisitar saberes ancestrais adormecidos em nossa memória espiritual.
- **Tipos de mediunidade:** descobrir-se médium é entender que você faz parte de uma etnia ancestral que deseja manter comunicação espiritual e sensitiva em prol da paz na humanidade; para tanto, é necessário que você entenda as diferentes formas de mediunidade que podem ser usadas para a comunicação espiritual.
- **Ervas:** o poderoso axé das ervas está contido na medicina milenar africana e indígena e é preciso dedicar um tempo para conhecê-las, a fim de potencializar seu uso durante os rituais de Umbanda.
- **Simbologia:** os símbolos são assinaturas gráficas correspondentes a cada cultura viva ou morta no planeta Terra e fora dele; é preciso mergulhar em seus estudos para melhorar o diálogo com os ancestrais, que são seus guias-chefes.
- **Mecanismos esotéricos:** todo médium umbandista deve ter um conhecimento básico sobre os elementos utilizados em terapias integrativas e holísticas, a fim de ampliar e potencializar suas capacidades mediúnicas e melhorar o atendimento das necessidades terapêuticas do consulente.

Assuntos de terreiro

- Importância da natureza na prática mediúnica: é necessário compreender que o médium que não leva o corpo à natureza não repõe os fluidos doados durante os trabalhos espirituais. Logo, terá dificuldade de doar energia de boa qualidade durante a atividade mediúnica dentro do terreiro.
- Orixás: estude suas origens, mitos e cosmogonia para melhor compreender por que você carrega um ou uma orixá em seu ori (coroa).
- Exus, caboclos e pretos-velhos: estude origem ancestral, cultura, campos de atuação, ferramentas de proteção, linhas, falanges e simbologias.
- Ori: estude essa parte importante do corpo dentro da filosofia iorubá e entenda sua relação com as práticas afrorreligiosas.
- Ritualísticas umbandistas: não se limite ao estudo das diversas formas de praticar a Umbanda, pois conhecimento nunca é demais; porém, não se perca no meio do caminho, tampouco se torne um crítico ácido das práticas com as quais você não tem identificação ancestral.
- Limites do corpo nas religiões afro-indígena-brasileiras: estude como o corpo era tratado nas etnias ancestrais africanas e indígenas; temas como tatuagens, aborto, ritos fúnebres, eutanásia, mudança de sexo, suicídio, entre outros, são tratados milenarmente por esses povos. Então, devemos buscar conhecimentos e não nos limitar às compreensões cristãs, que quase sempre são carregadas de muitos preconceitos.

Todos esses assuntos devem fazer parte da formação mediúnica teórica de todas(os) as(os) médiuns, servindo como base para o fortalecimento do seu desenvolvimento prático dentro do terreiro.

» 11 «

RITUAIS DE UMBANDA

Casamento, batizado, funeral, iniciação, amaci e cuidados com o ori (coroa)

As religiões afro-brasileiras têm seus próprios rituais para celebrações dos momentos especiais que marcam a integração social dos indivíduos junto ao grupo familiar. Basta pesquisar as tradições afro-ameríndias e compreender como elas são celebrativas nas etapas da vida como a gestação, o nascimento, a infância, a adolescência, a sexualidade, o amor, o casamento, a função ocupacional (profissão) e tudo o mais que tenha a ver com o destino de uma pessoa que renasce junto ao clã tribal (família biológica e espiritual).

Ciente do conhecimento da cultura ritualística dos povos africanos e indígenas, torna-se essencial a realização destas celebrações dentro dos terreiros, não sendo necessário que o médium de Umbanda e Candomblé procure celebrar suas ritualísticas em outras religiões, realizando batizados, primeiras-comunhões, casamentos e ritos fúnebres na igreja, como se estivesse procurando ser aceito. Esse comportamento precisa acabar. As pessoas de outras religiões não nos procuram para a celebração de seus ritos em nosso terreiro; por que devemos procurar a religião dos outros para nos considerarmos abençoados?

11.1 *Casamento*

O casamento é um dos rituais mais bonitos na vida de um casal homoafetivo ou hétero. A celebração na Umbanda e no Candomblé o torna ainda mais lindo. É preciso apenas alguns cuidados por parte do sacerdote-celebrante, para que não esteja abençoando uma união passageira, sem conexão ancestral entre as duas almas que pretendem se unir em matrimônio. É fundamental, primeiro, reconhecer se há amor verdadeiro entre o casal para, então, celebrar a união.

Cabe à autoridade religiosa entender que essa cerimônia visa a abençoar o amor e a união de dois espíritos que têm um propósito em comum no plano terreno. Não se trata de celebrar um contrato entre duas pessoas, mas o afeto verdadeiro; logo, a(o) sacerdotisa(ote) não pode desperdiçar a energia fluídica, abençoando duas almas em desencontro.

Em tempos atuais, é bastante comum que pessoas invertam a ordem natural dos fatos e primeiro se casem para depois se conhecerem. Não sabem diferenciar paixão, aventura, carência e amor. Precipitam o convívio entre dois espíritos que podem ter, inclusive, destinos opostos, o que pode acarretar que um assassine ou estrague por completo a vida do outro, já que insistem em uma união que não tem solidez sentimental, como muito bem nos explica a filósofa nigeriana Sobonfu

Somé em seu clássico livro *O espírito da intimidade* (2003). Leitura que deve ser obrigatória para toda(o) sacerdotisa(ote) que deseja entender sobre a importância dos rituais para a filosofia africana.

Ao se unirem, as duas almas terão um destino individual e outro em comum, que também estará interligado ao grupo espiritual (família) à qual pertencem. Logo, um casamento pode fortalecer um clã ou, simplesmente, destruir todo o núcleo familiar pela desestabilidade energética que a junção dos dois espíritos com destinos conflitantes pode causar.

A celebração do amor traz proteção para a união do casal e para toda a família, principalmente aos filhos(as) e à casa (moradia). Um casal que realiza um ritual para celebrar seu amor está pedindo ao Universo que os proteja e ancore a união. Essa bênção será fundamental no dia a dia do casal, sobretudo quando vierem as questões do cotidiano, quando o calor da paixão já arrefeceu e o desgaste é natural em qualquer convivência contínua.

O casamento aproxima a família dos ancestrais, que irão, por meio do ritual, atuar como conselheiros dessas pessoas, fornecendo-lhes o adubo energético para o bom cumprimento do destino.

O casamento pode ser celebrado pela(o) sacerdotisa(ote) ou entidade e tem valor civil se o templo religioso for legalizado junto ao Registro Civil das Pessoas Jurídicas (RCPJ), o que é importante para efeitos de comprovação de bens.

É recomendável que o casal veja na pessoa da(o) sacerdotisa(ote) e dos padrinhos e madrinhas uma conselheira para os momentos de crise na relação.

A celebração de novas datas de união, como se fossem novos casamentos, fortalecerá ainda mais a estrutura energética do casal, pois reafirmará a felicidade que aquela união traz aos nubentes que pedem novas bênçãos a Olodumaré e a Tupã.

Rituais de Umbanda

11.2 Trabalho de grávida

A finalidade deste tipo de trabalho é agradecer a vida que renascerá no clã familiar e retirar um possível medo do espírito renascer, um medo que pode estar relacionado ao sentimento que alguns espíritos têm de não conseguirem cumprir o destino neste novo renascimento, levando a mãe a precipitações do parto (aborto).

Nesse trabalho, pede-se que o espírito se anuncie e diga por qual nome deseja ser chamado. O nome deve ter ligação com o destino traçado para a nova vida.

Além de fortalecer os laços da família, transmite acolhimento, amor, alegria segurança e bênçãos para o nascituro. Prepara o corpo físico, emocional e espiritual da mãe para o parto, criando um campo de proteção sustentado pelas deusas-mães que acompanharão a mulher até o fim do puerpério, se ela assim desejar, para auxiliá-la espiritualmente na função de mãe.

Esse trabalho deve ser feito a partir do quarto ou quinto mês da gestação.

11.3 Apresentação do nascituro ao terreiro

O objetivo aqui é anunciar ao recém-nascido que ele está renascido em um novo corpo, que iniciará uma nova etapa da trajetória espiritual e que dispõe de uma família ancestral que está recebendo-o com amor e que aceita sua existência, permanecendo disponível para ajudá-lo a cumprir o destino no Aiyê.

É a primeira bênção ao espírito assim que ele nasce e a primeira oferta de amor em abundância que é transmitida a ele, pois a mãe e o pai expressam a gratidão por terem recebido aquele espírito como filha(o).

11.4 Batizado

No batizado, celebra-se a vida do nascituro. Sua finalidade é assentar o espírito no corpo (fechamento da moleira/maturação da glândula pineal); proteger o ori/coroa da criança; definir o destino; ativar a conexão ancestral; instalar o DNA do amor e da célula da felicidade; e chamar o(a) orixá dono(a) do ori para tomar à frente da vida daquele espírito para ajudá-lo a cumprir seu destino.

Existem gestações que ocorreram de forma indesejada, inclusive por meio de estupro, acarretando a geração de uma vida que já receberá em sua primeira estrutura energética, no momento da fecundação, a carga emocional da rejeição, da violência, da solidão e, muitas vezes, do sofrimento da mãe ou do pai em decorrência da gravidez. Nesses casos, o nascituro poderá vir ao mundo acumulando sentimentos de discórdia e de apatia que, se não forem bem trabalhados terapeuticamente, podem se tornar base para o desenvolvimento de sentimentos de covardia, apatia, desânimo, tristeza, angústia, medo e insegurança. O batizado e a apresentação da criança são fundamentais para romper uma possível carga negativa dessa ordem e instalar o sentimento de amor, aceitação e acolhimento no espírito.

Essa proteção evita adoecimentos por enfraquecimento energético, olho grande, inveja, mau-olhado, quebranto, além de ter o poder de oferecer ajuda ancestral ao nascituro, a fim de que consiga cumprir seu propósito de vida em alinhamento com o grupo familiar que o recebe, para que, assim, possam juntos encontrar a felicidade nesta nova vida.

Pode ser celebrado pelo orixá, pelas entidades-chefes ou pela autoridade ou ministra(o) religiosa(o) do templo. É recomendável a escolha de duas madrinhas ou dois padrinhos, que podem ser do mesmo gênero. Os padrinhos e as madrinhas também podem ser entidades escolhidas pelos pais.

Recomenda-se a presença de toda a família nesta cerimônia para que o espírito fortaleça os laços de pertencimento e amor com o novo membro da família, que pode ser um ancestral desta mesma árvore genealógica familiar em condições de renascimento.

Todos os ritos e valores se aplicam de forma exatamente igual para crianças escolhidas pelo amor (adoção), assim como para adultos que entendam a necessidade do batismo.

11.5 Ritos fúnebres

O ritual fúnebre visa a agradecer o tempo de existência que aquele espírito teve na Terra, independentemente de quantos anos, meses, dias ou horas que esse espírito tenha vivido; mesmo que morra logo após o parto. O agradecimento é importante em respeito às leis da vida e da morte, que não ocorrem sem autorização de Olodumaré.

Celebrar o retorno para o Orum, por meio de um ritual, propiciará ao espírito reencontrar seu idilé, sua família espiritual, que ficará feliz em recebê-lo novamente, caso este espírito tenha sido um bom cumpridor do destino enquanto vivo. Caso não tenha tido um bom caráter, o reencontro pode ser dificultado, pois o fio condutor das relações energéticas está enfraquecido, em virtude da falha de conduta do integrante da família enquanto esteve no Aiyê. O ritual possibilitará o religamento, fazendo a reintegração desse membro ao útero ancestral.

Esse ritual também tem o poder de ajudar o espírito morto a se desprender de possíveis sentimentos de ódio, raiva, revolta, vingança e perseguição ocasionados por mortes prematuras como acidentes, tragédias urbanas e periféricas (guerras do tráfico × polícia), violências patriarcais (domésticas/feminicídios), pandemias, crimes de ódio racial (racismo e xenofobia) e guerras entre países. Esses sentimentos são neutralizados durante o ritual, evitando que o espírito fique preso ou vagando pela atmosfera terrena ou junto do núcleo familiar ou sentimental, causando desequilíbrio na estrutura energética de ambientes ou pessoas, o que vai gerar, posteriormente, graves transtornos para todo o grupo familiar.

Importante entender que cada ritualística varia de casa para casa e pode ser realizada de maneira mais simples, como é na Umbanda, ou mais elaborada, como é o caso do axexê,[1] no Candomblé. Independentemente do nome e da maneira como o rito será feito, o importante é não deixar de fazer, pois o espírito do morto será agraciado com essa ação.

11.6 *Iniciação*

O objetivo deste ritual é acordar o ori para sua atual existência; chamar a cabeça ao cumprimento do destino; conectar-se com seu orixá e idilé; fortalecer o espírito; purificar, proteger e encarar o corpo espiritual do iniciado, reconectando-o ao grupo étnico-ancestral do qual foi desviado desde o tráfico negreiro e indígena.

Durante a iniciação, recolhe-se o iniciado ao útero ancestral,[2] um quarto fechado conhecido por diferentes nomes — camarinha, quarto de Oxalá, roncó, rondeme ou casé —, cuja única finalidade é funcio-

---

1   Ritual feito somente àqueles que têm mais de 21 anos de iniciação no
     Candomblé e que têm as obrigações devidamente arriadas no chão.
2   Por se tratar de um quarto específico para recolhimento de feitura, é
     proibido o acesso dos que não passaram por essa iniciação.

nar como útero mítico ancestral. Assim, ocorrerá uma ruptura com o mundo físico, restabelecendo-se a conexão ancestral do iniciado por um período que pode variar, no Brasil, de 7 a 21 dias.

Algumas casas de Umbanda fazem iniciação, outras não, e nenhuma deixa de ser Umbanda por isso. Cabe ao médium entender qual é a sua real necessidade, cuidar do ori ou não. Essa decisão, no entanto, não lhe dá o direito de questionar uma casa de Umbanda por não realizar tais ritos. Cada templo segue as próprias filosofia e ritualística, que devem ser respeitadas por todos os frequentadores e médiuns.

Todas as casas de Candomblé fazem iniciação com ritualísticas distintas, correspondentes às diferenças básicas de cada nação.

Uma diferença básica que deve ser observada é que os templos de Umbanda usam apenas o ejé[3] vegetal (sangue verde) e as casas de Candomblé, o ejé animal (sangue vermelho); a mistura desses elementos diferencia a tradição e faz com que os terreiros se distanciem, deixando de pertencer a uma ou outra religião. É primordial que os limites dos fundamentos sejam sempre respeitados. É um direito de cada sacerdote praticar em sua casa a tradição que lhe convém, por crer melhor. No entanto, precisa entender que Umbanda e Candomblé são religiões irmãs, mas que possuem tradições e ritualísticas diferentes.

O entendimento, aqui, não transita pelo debate sobre o que está certo ou errado, ou o que é mais forte ou mais fraco; apenas que são tradições brasileiras e sistemas religiosos distintos. Quando alguns dirigentes misturam demais os sistemas religiosos, é comum que suas práticas ritualísticas se enfraqueçam e gerem confusão na cabeças dos filhos, que ficarão perdidos sem saber, afinal de contas, a qual ritual pertencem.

---

3   Segundo o *Dicionário yorubá-português*, de José Beniste
    (Bertrand Brasil, 2019) "èjè" significa "sangue". [NE]

O fundamental é entender a importância da iniciação para o médium. Toda a sua vida espiritual e o seu destino serão fortalecidos a partir desse ritual. Muitos médiuns que estão à frente de uma linha de trabalho, como consultas, descarregos, sacudimentos e limpezas, sem o devido preparo, correm o risco de serem fortemente enfraquecidos na prática mediúnica em virtude da falta da proteção do ori e de refinamento da conexão ancestral que somente a iniciação possibilita.

Na Umbanda, a iniciação é comumente chamada de "deitada de Oxalá", "feitura de anjo de guarda", "camarinha" ou "recolhimento iniciático"; e no Candomblé, "iniciação para orixá", "iniciação de iaô" ou "fazer orixá". Existem outros nomes Brasil afora, sendo todos corretos, porque correspondem apenas às diferenças regionais comuns em um país com dimensões continentais como o Brasil.

Outro aspecto importante é a compreensão do contexto histórico--cultural que envolve a iniciação em um país que tem uma população majoritariamente afro-brasileira em situação de diáspora. Após termos sido sequestrados do continente africano, a única forma de nos reconectarmos com nossa família africana é por meio do ritual de iniciação.

O ato de recolher-se no útero mítico ancestral devolve o sentido da vida de muitas pessoas por trazer a cura para o banzo,[4] aquele vazio existencial que acompanha os descendentes do sequestro africano. É uma saudade inconsciente de voltar para a Mãe África ou para as tribos indígenas.

Durante o recolhimento, nossa verdadeira família espiritual africana ou indígena consegue se reconectar conosco, trazendo todos os nutrientes energéticos necessários para o auxílio ao cumprimento do nosso destino individual, assim como o coletivo, este diretamente ligado aos propósitos do nosso grupo espiritual.

4   Cf. PINTO, 2018.

11.7 Amaci/comida para a cabeça

Tem a finalidade de descarregar e desintoxicar os corpos astrais; desbloquear os chacras; acordar o ori; descansar o corpo, a mente e o espírito; chamar os ancestrais da pessoa; fortalecer o sistema emocional e o campo magnético e retirar larvas astrais e adubar o espírito, realinhando o destino da pessoa. É sempre precedido de um ritual de limpeza (descarrego ou sacudimento).

Trata-se de um primeiro ritual a ser realizado na pessoa tão logo ela comece a frequentar o terreiro, pretendendo fazer parte do corpo mediúnico ou não. Para aqueles que se tornarão filhos da casa, esse rito cumpre o papel fundamental de limpar e fortalecer a pessoa para as práticas espirituais, criando uma barreira que, durante um tempo, a protegerá das cargas negativas que circulam no ambiente terreno. Para aqueles que são apenas frequentadores ou estão de passagem pela casa, trará os mesmos benefícios.

Esse primeiro ritual é fundamental para quem busca melhorar o quadro espiritual e para quem pretende se reconectar com a ancestralidade. No entanto, é importante diferenciá-lo da iniciação. Lamentavelmente, muitos terreiros chamam esses rituais de iniciação; outros, sequer lavam a cabeça dos filhos antes de integrá-los ao corpo mediúnico. Contudo, conforme explicado anteriormente, cada casa tem seu rito próprio e não pode ser julgada por isso, apenas é preciso verificar a necessidade individual de cada médium.

Independentemente de qual seja o ritual de limpeza e purificação, e de qual seja o nome dado a ele em diferentes nações e regiões do país, sua realização é de suma importância. A estrutura energética do médium iniciante deve ser preparada antes de qualquer prática mediúnica, assim como esse ritual protege o corpo mediúnico do desequilíbrio energético da pessoa novata que está começando a integrar o corpo astral da casa. Além disso, a limpeza e o fortalecimento produzem uma barreira de proteção durante as giras e correntes mediúnicas.

O prazo recomendável de permanência no ritual de fortalecimento de cabeça é de, no mínimo, 24 a 72 horas para que a cabeça e o corpo tenham tempo para conseguir descansar. Somente quando a cabeça e o corpo descansam, conseguimos concentração e conexão com nossos ancestrais.

Deitar uma cabeça por menos de 24 horas é, quase sempre, desperdício de tempo e de dinheiro. Mexer com energias e não respeitar o fator tempo é algo muito complexo. Tempo é orixá e precisa ser respeitado, como nos ensina Vovó Joana d'Angola. Se a pessoa quer melhorar a vida, mas insiste em dizer que não tem tempo para cuidar da espiritualidade, é melhor nem tocar nesta cabeça.

Lidar com pessoas de temperamento imediatista é um sinal bem evidente de que terá problemas logo depois. São tipos de pessoas que, normalmente, vão querer resultados instantâneos e pouco ou nada valorizarão a energia mediúnica que doamos para lhes fortalecer. Evite desperdiçar a energia dessa forma; a minha singela experiência de mais de duas décadas me ensinou isso. Quem não tem tempo para Deus e para a própria espiritualidade não tem prioridades bem definidas na vida. Deixe que a própria pessoa perceba como ela deve distribuir o tempo. Doe seu tempo para quem realmente valoriza e respeita o tempo e a força espiritual que você usa para ajudar uma pessoa que chega no terreiro.

Rituais de Umbanda

» 12 «
AÇÕES SOCIAIS NAS COMUNIDADES DE TERREIRO

Atuação como "quilombos urbanos" e seu papel social no combate à fome e à miséria no Brasil

Como bem explicado no capítulo sobre legalização, os terreiros cumprem um papel importantíssimo na promoção dos direitos humanos, com ênfase no combate à fome, por estarem localizados, muitas vezes, próximos aos bolsões de miséria da cidade. Exercem um papel que podemos chamar de "quilombos urbanos" por atuarem na luta contra o racismo, uma vez que promovem a religiosidade afro-indígena e oferecem segurança alimentar à população mais pobre de seu entorno, sendo a maioria descendente de indígenas e afro-brasileiros.

A Umbanda é uma religião brasileira. Logo, ela possui suas raízes étnica, cultural e mitológica dentro das cosmogonias africana e indígena. Os processos histórico-sociais pelos quais passaram esses povos durante a escravização e após o 13 de maio de 1888, com a ausência total de políticas sociais que possibilitassem reverter os danos de quase 400 anos de trabalho escravo, levaram esses povos à situação de extrema miséria, fome, desemprego, baixa escolaridade, dificuldades de moradia, entre outras carências. O Estado pouco ou quase nada faz para combater essas vulnerabilidades sociais, fazendo com que esses grupos necessitem de ações sociais realizadas por instituições religiosas, ONGs e grupos filantrópicos. Nesse sentido, as comunidades de terreiro cumprem seu papel de exercer solidariedade por meio da prática da caridade social para o próprio povo. Por essa razão, muitos terreiros espalhados por todo o Brasil fazem ações sociais que beneficiam a população do entorno.

Para o bom desenvolvimento dessas ações sociais e do combate ao racismo religioso, a legalização é um instrumento importantíssimo de promoção da cidadania e da liberdade religiosa. Os templos com CNPJ e estatuto adequado à Lei Orgânica de Assistência Social (LOAS) podem solicitar cadastro no Centros de Referência de Assistência Social (CRAS), no Centro de Referência Especializado em Assistência Social (CREAS), no Conselho de Assistência Social, no Conselho de Defesa da Criança e do Adolescente, no Conselho de Defesa do Idoso, no Conselho de Defesa do Negro, no Conselho de Defesa da Mulher — naturalmente, nos municípios e estados que possuem esses órgãos implementados.

A vinculação a esses órgãos possibilita que a comunidade de terreiro acompanhe, participe de e promova ações e políticas públicas em defesa e para a garantia dos direitos dos grupos vulnerabilizados, além de defender a liberdade religiosa.

De acordo com os capítulos anteriores, não faz sentido cultuar orixá, declarar fé na força e na proteção que eles nos transmitem e ser racista e indiferente à situação atual dos povos vivos, descendentes desses orixás. A pobreza tem cor neste país, ela é preta e indígena.

Com base nessa compreensão sociológica, o mínimo esperado pelos terreiros é dedicar um pouco mais de atenção aos casos gravíssimos de racismo sofridos pelos povos preto e indígena no país, o que inclui sua condição socioeconômica para além do espiritual.

A situação dos povos indígenas é alarmante e vergonhosa, por se tratar de povos originários, que habitam o território brasileiro há mais de 12 mil anos e, desde a invasão dos ladrões de terra portugueses, lutam para serem reconhecidos como proprietários dele. O desrespeito da elite política brasileira a esses povos fez com que perdessem a capacidade tradicional de sobrevivência. Ao perderem as terras para os garimpeiros, agropecuaristas e governantes, não tiveram mais como se alimentar por meio do plantio na terra; muitos perderam a moradia; outros tantos migraram para a cidade em busca de emprego; e, para não sofrerem tanta humilhação e preconceito, passaram a negar a identidade indígena, como bem explicado no livro *Índios na cidade do capital*, de William Berger (2018). Muitos indígenas foram levados ao alcoolismo e ao consumo de drogas em decorrência do desânimo ocasionado pela falta de oportunidades e de condições de sobrevivência dignas.

Muitas mulheres e meninas indígenas, ainda hoje, sofrem com estupro dos invasores em suas terras; sem contar a proliferação de doenças a que são expostas todas as vezes que entram em contato com o branco em razão da composição genética diferente. Os povos das florestas são detentores de um sistema imunológico preparado para o ambiente natural, que é totalmente diferente da capacidade imunitária relacionada ao ambiente urbano.

É importante que as lideranças afro-indígenas religiosas saibam que muitos líderes indígenas não se reconhecem nos cultos a caboclos que fazemos aos chamados "caboclos nos terreiros". Simplesmente não veem conexão entre os espíritos que se manifestam na Linha de Caboclos e os povos indígenas que se mantêm vivos na atualidade.

Primeiro, desconhecem alguns elementos magísticos e ritualísticos que são utilizados no culto, como o uso de cocares feitos de penas artificiais, que ofendem brutalmente a cultura indígena. Também estranham ao perceber que cultuamos caboclos, mas não estreitamos relações, contatos e vínculos com os indígenas vivos, que são os descendentes deles, além de habitarem o mesmo país que os umbandistas e candomblecistas. O que seria diferente no caso de entidades que possuem a ascendência étnica em outros países.

Além disso, eles não se reconhecem sob a nomenclatura "índio", alcunhada pelo branco sem o consentimento deles. Preferem ser chamados de "indígenas", pois consideram esta designação mais integrativa.

A aproximação com povos indígenas, assim como com ciganos, pescadores, boiadeiros, cangaceiros, campineiros, juremeiros e da floresta, todos os que se manifestam na Linha de Umbanda, pode potencializar a conexão do médium com as entidades, pois trará um pouco mais dos hábitos e da linguagem deles para quando transmitirem mensagens e ensinamentos, deixando o médium menos inseguro.

É urgente que o povo de terreiro se comprometa a estabelecer relações mais próximas com os ancestrais vivos, realizando visitas e vivências com o corpo mediúnico nas aldeias, trazendo indígenas para a realização de ritos dentro do terreiro, acolhendo indígenas na cidade e, principalmente, comprometendo-se com o apoio financeiro e/ou assistencial aos povos que sofrem danos causados pela fome e pela violência.

Não menos diferente, em termos de violação de direitos, é a situação do povo afrodescendente no Brasil e no mundo. Durante os quase 400 anos de sequestro de homens, mulheres e crianças na África, quase 5 milhões de africanos foram traficados desde o continente-mãe[1] para serem vendidos e submetidos à condição desumana de escravizados no Brasil, além de diferentes países que aderiram à política de enriquecimento por intermédio do sistema escravocrata.

Um povo que permaneceu escravizado durante quatro séculos não teve acesso e direito a estudo, moradia, saúde, construção de patrimônio para gerar herança aos descendentes, acumulação de riquezas e acesso aos espaços de poder político e governamental do país. Todas essas violações de direitos levaram, fatalmente, esse grupo social à extrema situação de miséria, genocídio e epistemicídio, que geraram os seguintes fenômenos sociais: analfabetismo, baixa escolaridade, reduzido acesso às universidades; maior incidência como vítimas de feminicídio, estupro, violência doméstica, pedofilia, homofobia e transfobia; maior incidência como população de rua, criminalização urbana; moradias em aglomerados urbanos (favelas); maior contingente de população carcerária; menor número de empregos formais; reduzido número de parlamentares eleitos; baixa representação midiática como artistas e jornalistas; menos cargos de chefia; maior número de desempregados; e ser o grupo social mais assassinado no país.

É indispensável e ético que lideranças de terreiros estejam atentas a esses dados estatísticos e percebam que, quando falamos de pessoas negras, estamos falando de descendentes dos orixás e pretas-velhas que cultuamos nos terreiros, e de nós mesmos, que somos cultuadores de cosmogonia e filosofia do povo preto africano.

[1] "Ao longo de mais de três séculos, navios portugueses ou brasileiros embarcaram escravos em quase 90 portos africanos, fazendo mais de 11,4 mil viagens negreiras. Dessas, 9,2 mil tiveram como destino o Brasil.
Os dados são da The Trans-Atlantic Slave Trade Database, um esforço internacional de catalogação de dados sobre o tráfico de escravos. [...]
Além disso, independentemente de quem foram os culpados pela escravidão, não há dúvidas de que os 4,9 milhões de africanos trazidos como escravos para o Brasil são as vítimas. Nenhum outro lugar do mundo recebeu tantos escravos." (ROSSI, 2018)

Ser indiferente à condição do povo preto é pactuar com uma prática racista que vigora na cultura brasileira, demonstrando profundo desconhecimento da própria história, além de envergonhar os ancestrais, que muito se entristecem e se decepcionam com o esquecimento de sua origem étnico-ancestral.

Todo terreiro de Umbanda e de Candomblé deve ter o compromisso de alinhar ações antirracistas, que promovam a dignidade das pessoas negras, com a prática religiosa.

É fundamental estudar e conhecer a verdadeira história da África e do Brasil, não a contada nos livros escolares baseados na educação eurocristã, que criou o sistema educacional brasileiro; mas colocando em prática a Lei nº 10.639/03[2] e a Lei nº 11.645/08,[3] que tornam obrigatório o ensino da história, com a participação e a presença do povo negro e indígena na formação econômica, cultural, gastronômica e étnica brasileira.

É essencial que os dirigentes e o corpo mediúnico estudem cada vez mais os povos, a filosofia e a religiosidade africana, bem como visitem espaços que foram usados como senzalas no período escravocrata, quilombos que abrigam famílias negras até os dias atuais, e façam um esforço ainda maior para visitar o continente africano, especialmente Nigéria, Benin, Togo e Angola, de onde deriva a mitologia dos orixás. Assim como o povo judeu visita Jerusalém; mulçumanos, Meca; católicos, Roma; budistas, o Himalaia; e hindus, o Tibete, pelo menos uma vez na vida, nós, seguidores de orixá, deve-

---

2 "Altera a Lei nº 9.394, de 20 de dezembro de 1996, que estabelece as diretrizes e bases da educação nacional, para incluir no currículo oficial da Rede de Ensino a obrigatoriedade da temática "História e Cultura Afro-Brasileira", e dá outras providências." (BRASIL, 2003)

3 "Altera a Lei no 9.394, de 20 de dezembro de 1996, modificada pela Lei no 10.639, de 9 de janeiro de 2003, que estabelece as diretrizes e bases da educação nacional, para incluir no currículo oficial da rede de ensino a obrigatoriedade da temática "História e Cultura Afro-Brasileira e Indígena". (BRASIL, 2008)

mos adotar o compromisso de pisar na África. Precisamos sentir a energia da terra onde nasceram os orixás e sermos abençoadas por ela. Essa reconexão faz um bem maior do que podemos imaginar. Nossos ancestrais ficarão felizes com essa viagem de volta à Terra Mãe depois do sequestro que sofremos na escravização. É uma espécie de retorno ao útero ancestral.

Ser de terreiro e ser racista é gerar um contra-axé para o próprio ori. Precisamos combater o genocídio contra a população negra, porque pertencemos ao mesmo povo, o povo afro-indígena-brasileiro. Precisamos nos posicionar publicamente contra toda forma de racismo, desde o religioso até o humano. Essa é a primeira ação social que todo terreiro deve praticar.

É importante se perguntar: será que meu orixá me aceita sendo racista? Será que a preta-velha sabe que você é racista? Será que a pombagira sabe que você é machista? Será que exu sabe que você é homofóbico? Será que as iabás sabem que você desqualifica, desrespeita e humilha uma mulher dentro de casa?

Outro ponto importante é se posicionar na defesa da mulher, da criança, do adolescente, do idoso e das pessoas LGBTQIAP+. Não podemos cultuar nossas iabás, pretas-velhas, caboclas, erês e sermos indiferentes às dores de seus descendentes.

É preciso entender que é papel da liderança religiosa se posicionar politicamente e publicamente contra todas as formas de preconceito, discriminação e violação social. Ser uma autoridade religiosa e não ter compreensão do que significa a realidade social do país e do planeta em que se habita é mostrar total despreparo para lidar com o cargo que lhe foi predestinado.

Todos os líderes religiosos têm opinião pública sobre assuntos polêmicos ou não; não seria diferente conosco. Em que pese o fato de as outras tradições religiosas serem mais organizadas adminis-

Ações sociais nas comunidades de terreiro

trativa, juridica, econômica e politicamente, inclusive com órgãos de representação dos respectivos segmentos, o que lhes possibilita ter uma representação regional, nacional e até mundial para falar em sua defesa; nós, religiosos afro-indígena-brasileiros também precisamos pensar sobre isso e dar início a uma formação pessoal e coletiva que nos possibilite obter um sólido posicionamento público e interno em relação a vários pontos das questões sociais que atravessam o cotidiano de nossas vidas.

É preciso observar que não podemos pactuar com a hipocrisia. Assumir um posicionamento público, mas não fazer o debate interno sobre os assuntos-tabu, como racismo, machismo, homofobia e pedofilia dentro do terreiro, não é cabível. É importante se perguntar o que o orixá acha de sua indiferença no que tange às lutas das pessoas e dos povos oprimidos que lutam por justiça social.

O futuro que assegurará a nossa tão sonhada liberdade religiosa depende da forma como nos posicionamos hoje, corrigindo os erros nocivos que cometemos em detrimento do preconceito e da perseguição que sofríamos em um primeiro momento e, em um segundo momento, pela falha de não termos nos organizado para ocupar um lugar de respeito e credibilidade dentro da sociedade brasileira.

Nunca é tarde para realizarmos a redução de danos. Basta coragem, estudo, preparo, conhecimento e alicerce para mudar.

Este livro é um convite para o início dessa mudança, e espero que ele tenha servido como estímulo para você e toda a sua comunidade religiosa.

Meu saravá fraterno,
Mãe Flavia Pinto

》《

POSFÁCIO

Renato Noguera[1]

Mãe Flavia Pinto nos brinda com um belo presente. Sua dupla trajetória, de sacerdotisa, líder religiosa de Umbanda, também iniciada e formada no Candomblé e, por outro lado, socióloga e escritora. O que torna este livro bastante especial é que *Umbanda preta: raízes africanas e indígenas* está no percurso contracolonial. Mãe Flavia nos convoca para um processo de descolonização do(s) mundo(s) religioso(s) de Umbanda. Se a Umbanda "oficial", registrada em 1908, passa pelos valores da Igreja Católica Apostólica Romana em diálogo com a abordagem espírita de Allan Kardec, o que o livro nos propõe é um

[1] Renato Noguera é filósofo, professor da UFRRJ e autor de diversos livros, dentre eles *Mulheres e deusas: como as divindades e os mitos femininos formaram a mulher atual* (Harper Collins, 2018), *Por que amamos: o que os mitos e a filosofia têm a dizer sobre o amor* (Harper Collins, 2020) e *O que é o luto: como os mitos e as filosofias entendem a morte e a dor da perda* (Harper Collins, 2022).

deslocamento dessas duas matrizes, enfatizando os eixos africano e dos povos indígenas.

O livro é um deslocamento radical, seja porque o eixo estruturante passa mais pela composição do pensamento filosófico-religioso afro-indígena. Ou, ainda, porque a autora instiga quem lê a se aproximar da Umbanda sem tomar o sincretismo como a principal chave de leitura. Neste sentido, o livro é um convite para uma espécie de articulação entre elementos culturais africanos reterritorializados no contexto de povos originários da América em uma estrutura colonial. Umbanda para além das dicotomias maniqueístas que poderiam defini-la como "macumba de branco" ou algo do gênero.

A ousadia de Mãe Flavia Pinto está em reconhecer na Umbanda um conjunto de reflexões e práticas espirituais que parte de uma realidade dinâmica. Sociedades e culturas se modificam constantemente, porque as relações de poder não são estáticas. Nesse contexto em que o encontro de cosmovisões africanas e de povos indígenas estabeleceu uma liturgia religiosa, vale ressaltar ainda que a moldura e a base sejam cristãs, católica apostólica romana e espírita, ainda assim, o conteúdo nuclear é afro-diaspórico e indígena, e o livro enfatiza este aspecto. Seja praticante ou não, *Umbanda preta* é um presente para encher o pensamento de axé!

REFERÊNCIAS BIBLIOGRÁFICAS

BERGER, William. *Índios na cidade do capital*: indígenas em contexto urbano na Cidade do Rio de Janeiro em tempos de barbárie (2012-2017). Rio de Janeiro: Gramma, 2018. 306 p.

BRASIL. Lei nº 10.639, de 9 de janeiro de 2003. Altera a Lei nº 9.394, de 20 de dezembro de 1996, que estabelece as diretrizes e bases da educação nacional, para incluir no currículo oficial da Rede de Ensino a obrigatoriedade da temática "História e Cultura Afro-Brasileira", e dá outras providências. *Diário Oficial da União*, Brasília, 9 jan. 2003. Disponível em: https://www.planalto.gov.br/ccivil_03/leis/2003/l10.639.htm. Acesso em: 10 nov. 2022.

BRASIL. Lei nº 11.645, de 10 de março de 2008. Altera a Lei no 9.394, de 20 de dezembro de 1996, modificada pela Lei no 10.639, de 9 de janeiro de 2003, que estabelece as diretrizes e bases da educação nacional, para incluir no currículo oficial da rede de ensino a obrigatoriedade da temática "História e Cultura Afro-Brasileira e Indígena". *Diário Oficial da União*,

Brasília, 10 mar. 2008. Disponível em: https://www.planalto.gov.br/ccivil_03/_ato2007-2010/2008/lei/l11645.htm. Acesso em: 10 nov. 2022.

CAPONE, Stefania. *Os yorubas do Novo Mundo*: religião, etnicidade e nacionalismo negro nos Estados Unidos. Rio de Janeiro: Pallas, 2011. 364 p.

CAPONE, Stefania. *A busca da África no Candomblé*: tradição e poder no Brasil. 2. ed. Rio de Janeiro: Pallas, 2018. 400 p.

CUMINO, Alexandre. *História da Umbanda*: uma religião brasileira. 4. ed. São Paulo: Madras, 2019. 384 p.

DIAS, Eduardo. Linha do tempo: religiões. *In*: *Timetoast*. [S. l.], 2017. Disponível em: https://www.timetoast.com/timelines/linha-do-tempo-d52c-0153-64d6-4b9d-b8bd-b1531805f9cc. Acesso em: 10 nov. 2022.

DIOP, Cheikh Anta. *A unidade cultural da África negra*: esferas do patriarcado e do matriarcado na Antiguidade clássica. 2. ed. rev. e aum. Angola; Portugal: Mulemba; Pedagoga, 2014. 194 p.

GUERRA, Luiz Antonio. Sexo, gênero e sexualidade. *In*: *InfoEscola*. Santa Catarina, [202-?]. Disponível em: www.infoescola.com/sociologia/sexo-genero-e-sexualidade/. Acesso em: 10 nov. 2022.

JACKSON, John G. *Etiópia e a origem da civilização*. São Paulo: Ananse, 2020. 104 p.

OBATALÁ — suprema divindade iorubá: Obatalá no mito iorubá da criação. *In*: *Mitos e Lendas*. São Paulo, 2022. Disponível em: https://www.mitoselendas.com.br/2022/10/obatala-suprema-divindade-ioruba.html. Acesso em: 10 nov. 2022.

PACHECO, Patricia. Diferenças entre biodegradável, degradável e ccompostável: degradável x biodegradável. *In*: *Mind the Trash*, Lisboa, 19 mar. 2020. Disponível em: https://mindthetrash.pt/biodegradavel-degradavel-compostavel/. Acesso em: 10 nov. 2022.

PINTO, Mãe Flavia. *Umbanda religião brasileira: guia para leigos e iniciantes*. Rio de Janeiro: Pallas, 2014. 168 p.

PINTO, Mãe Flavia. *Levanta, favela!*: vamos descolonizar o Brasil. Rio de Janeiro: Conexão 7, 2019. 236 p.

PINTO, Mãe Flavia. *Salve o matriarcado*: manual da mulher-búfala. Rio de Janeiro: Fundamentos de Axé, 2021. 224 p.

PUENTE, Beatriz. Geração de resíduos no mundo deve chegar a 3,4 bilhões de toneladas por ano até 2050. *CNN Brasil*, Rio de Janeiro, 10 ago. 2022. Disponível em: https://www.cnnbrasil.com.br/internacional/geracao--de-residuos-no-mundo-deve-chegar-a-34-bilhoes-de-toneladas-por--ano-ate-2050/. Acesso em: 10 nov. 2022.

SANTOS, Vanessa Sardinha dos. Fauna e flora. *In*: *Mundo Educação*. Goiânia, [202-?a]. Disponível em: https://mundoeducacao.uol.com.br/biologia/fauna-flora.htm. Acesso em: 10 nov. 2022.

SANTOS, Vanessa Sardinha dos. Habitat e nicho ecológico. *In*: *Brasil Escola*. Goiânia, [202-?b]. Disponível em: https://brasilescola.uol.com.br/biologia/habitat-nicho-ecologico.htm. Acesso em: 10 nov. 2022.

SANTOS, Vanessa Sardinha dos. O que é bioma?. *In*: *Brasil Escola*. Goiânia, [202-?c]. Disponível em: https://brasilescola.uol.com.br/o-que-e-biologia/o-que-e-bioma.htm. Acesso em: 10 nov. 2022.

SANTOS, Vanessa Sardinha dos. O que é cadeia alimentar?. *In*: *Brasil Escola*. Goiânia, [202-?d]. Disponível em: https://brasilescola.uol.com.br/o--que-e/biologia/o-que-e-cadeia-trofica.htm. Acesso em: 10 nov. 2022.

SODRÉ, Muniz. *Pensar nagô*. Petrópolis, RJ: Vozes, 2017. 240 p.

SOMÉ, Sobonfu. *O espírito da intimidade*: ensinamentos ancestrais africanos sobre maneiras de se relacionar. São Paulo: Odysseus, 2003. 146 p.

SOUSA, Rafaela. População indígena no Brasil. *In*: *Mundo Educação*. Goiânia, [202-?]. Disponível em: https://mundoeducacao.uol.com.br/geografia/a--populacao-indigena-no-brasil.htm. Acesso em: 10 nov. 2022.

ZAREMBA, Júlia. Maioria das mulheres não denuncia agressor à polícia ou à família, indica pesquisa: Levantamento encomendado pelo Fórum Brasileiro de Segurança Pública aponta que 52% ficaram caladas. *Folha de S.Paulo*, São Paulo, 26 fev. 2019. Disponível em: https://www1.folha.uol.com.br/cotidiano/2019/02/maioria-das-mulheres-nao-denuncia-agressor--a-policia-ou-a-familia-indica-pesquisa.shtml. Acesso em: 10 nov. 2022.

Este livro foi composto com a tipografia Calluna 11/16 pt e impresso sobre papel pólen bold 90 g/m²